如果父母情緒不成熟

Recovering fro
Emotionally Immature Paren

Practical Tools to Establish Boundaries a
Reclaim Your Emotional Autono

和內在父母和解，
從假性孤兒邁向
情感獨立的大人

Lindsay C. Gibson
琳賽・吉普森——著
劉凡恩——譯

目錄

好評推薦

「這本精采著作實際且簡明地點出，情緒不成熟父母對你在情感、思緒、舉止各方面造成的影響。透過具體的範例和練習，你會學到如何表達自我，減輕恐懼與自我懷疑，重獲掌控健全情緒和個人福祉的權利。琳賽．吉普森深厚的療癒技巧、扎實的心理信條及有效方法，讓此書成爲飽受身邊情緒不成熟之人所折磨者，絕對必讀之書。這是一本寶貴的指南，不僅對普羅大眾如此，對專家亦然！」

——露薏絲．魯賓（Louise B. Lubin）博士

認證臨床心理學家

「多數人的童年多少都有些情緒傷痕、焦慮或不安。但若父母感覺遲鈍、自我中心、掌控慾強，許多人便會經年背負嚴重的情緒困擾。處於這類情境的幼童或青少年因尚沒有能力從大處著眼，自覺無力回手，往往只能歸咎自己，以致終身深陷情緒創傷當中，難以自拔。所幸琳賽．吉普森這部精采大作，爲無數力圖復原和振作的人帶來一線希望，讓他們得以理解眞相，掌握療癒之鑰。此書中肯易讀，立論嚴謹，對那些受過傷而亟盼援助的人，答案和療癒

更是唾手可得。對於研讀人類行爲的學生或是探究精神健康的專家，此書更是不可不讀。」

——丹・布瑞德（Dan W. Briddell）博士

專業委員會認證之臨床心理學家

著有《愛神等心理治療故事》（*The Love Bug and Other Tales of Psychotherapy*）

「琳賽・吉普森在這本新作中，爲所有成長於情緒不成熟父母身畔而備受困擾者，提供一個文字典雅、清晰易懂的指南。吉普森以直截了當、循序漸進的手法，引領讀者認識情緒不成熟父母的樣貌，了解其有意無意之舉如何對子女造成難以磨滅的終身影響。透過個案研究、互動書寫練習及全面的權利法案，吉普森讓身受其害的子女得以重新擁抱眞實自我。」

——肯尼士・西格（Kenneth A. Siegel）博士

臨床心理學家

「凡經歷過父母情緒問題的人，不可不讀這本書；想要有效協助個案活出最好狀態的心理治療師，更是非讀不可。閱讀琳賽・吉普森出色的作品，有如面對一位稟賦過人的心理學家，沐浴在專業眞誠的呵護中，拓寬自我認知，有效提高自信。此書從頭到尾，將療癒概念完美地演繹並應用到眞實人生中。」

——葛瑞珍・勒費佛・華特森（Gretchen LeFever Watson）博士

臨床心理學家，著有《病患安全指南》（*Your Patient Safety Survival Guide*）

「多棒的禮物！琳賽．吉普森集四十年梳理疑難之經驗，成就此精采著作，讓我們終於看到一本可讀性極高的參考書。書中的指點完整深入，解說清楚詳實，並佐以效果強大的練習，絕對是嘗過父母情緒不成熟苦頭者的必讀經典。此書不僅有助於這一類人，對所有經歷過成人關係中各種問題的每一個人來說，也是絕佳的百科全書。」

——大衛．高登（David Gordon）博士

臨床心理學家，著有《用心造夢》（*Mindful Dreaming*），創辦「夢工廠學院」（Dreamwork Institute）

「對成長於情緒不成熟父母身邊的人來說，此書不啻一項恩賜。琳賽．吉普森完全理解你，並能讓你感受到你可能未曾從父母身上得到的肯定和同情。你將能把痛苦訴諸言語，進而深入體會，梳理解決，並與之脫離，然後和自己及他人建立充實豐富的關係。吉普森對其個案及讀者的用心昭然可見，全心扶持他們走過這段歷程。」

——凱西．李阮（Kathy Nguyen Li）

臨床心理學博士，認證心理學家，華府「哲人諮商」（Sage Counseling, PLLC）創辦人

「對於活在情緒不成熟父母所造成的傷痛暗影中的人，琳賽．吉普森溫暖而明確地指出，今天的你，截然不同於你被教導而信以爲眞的那個『你』。吉普森讓你得以擺脫束縛，把父母的問題留給他們自己，並使你不再受他們的想法、感受、行爲所擺布。吉普森爲你獻上一份大禮！

請好好把握，以平靜和眞實自我之力，擁抱並探索屬於你的全新未來！」

——潘蜜拉・布魯爾（Pamela Brewer）博士

認證臨床社工師，心理治療師

廣播節目〈與布魯爾博士對談〉（MyNDTALK with Dr. Pamela Brewer）主持人

「這是一本稀世之作，超越自我協助，提供眞正的療癒。琳賽・吉普森宛如置身讀者眼前，穿透讀者孤立的情緒，溫柔明確地指引讀者走過這段艱辛的歷程。此書誠爲智慧仁慈之作。」

——蘿莉・海爾格（Laurie Helgoe）博士

著有《內向者的力量》（*Introvert Power*）等書

「情緒不成熟父母總是不自覺地以自己的需求爲優先，造成子女在成長過程中必須學會壓抑自身的感受需求。對這類讀者而言，《如果父母情緒不成熟》乃是無價之寶。此書架構清晰，輔以豐富的個案描繪和書寫練習，對於子女所背負的莫名情緒重擔有生動的剖析。琳賽・吉普森協助讀者體會到父母不能給他們的同情，引領讀者來到一處寶庫，裡面有著他們夢寐以求的獨立自主、忠於自我、以及盎然生機！」

——莎拉・克拉科夫（Sarah Y. Krakauer）

臨床心理學博士，著有《治療解離性身分疾患》（*Treating Dissociative Identity Disorder*）

「《如果父母情緒不成熟》是琳賽．吉普森又一精采巨獻，爲情緒不成熟父母的子女提供了深刻的智慧，是探索內在經歷、自我對話和個人感受的有效工具。無論是嘗試探索自我的個人或治療師，皆能藉由此書療癒生命創傷，邁向更愉悅完滿的生命境界。吉普森以諸多個案研究爲梗概，注入偌大的熱忱，讓這本指南分外易懂。書末的『給情緒不成熟父母之成年子女的權利法案』，更是身陷衝突關係中的所有人的一盞明燈。」

——瑪麗．安．柯莉（Mary Ann Kearley）

臨床護理專家，認證專業諮詢師

「琳賽．吉普森的新作《如果父母情緒不成熟》，令人讀來欲罷不能，書中生動地探索失去自我、爾後重新尋獲的歷程。內容奠基於深厚的基礎研究，吉普森提出各項有別一般的實用建議，引導我們走出讓我們失去『情緒自主』的家庭困境。你若受困於某種人際問題，也可在此找到解決辦法。吉普森證明，自我連結比自我糾正更能帶來改變，正面與信心可以取代負面和內疚。吉普森的謙遜、洞見與坦率，讓讀者願意敞開心房，面對挑戰。此書反映出她想幫助讀者坦然做自己的願望。」

——琳．索爾（Lynn Zoll）

教育學博士，臨床心理學家

「身爲資深臨床醫師的琳賽．吉普森，看盡早年成長背景對個案成年生活的影響，對於情緒不成熟父母的教養問題有著獨到的觀察，令我佩服。書中的個案故事令人動容，每一章提出的療癒練習讓人躍躍欲試，可一舉擊破長久的習性，建立眞實的自我認知。值此自我反思與誠實正直似乎不再受到重視之際，此書的價值實在難以言喻。」

——凱瑟琳．哈曼（Kathrin Hartmann）博士

心理治療師

「琳賽．吉普森在此新作中，以獨特的視角探索情緒不成熟父母的內在心智如何運作。她精細地描繪與這類人互動的挑戰，並引領讀者展開釋放自我之旅。一些艱深的心理概念與技巧，透過她淺顯易懂的描繪，使讀者不致墜入迷霧當中，而能建立與自己以及與他人的自主關係。此書是罕見珍寶！凡有意探索內心火苗並期望自己不斷蛻變者，我強烈推薦一定要讀！」

——金．佛斯（Kim Forbes）

認證臨床社工師，「止水心理諮商」（Still Point Psychotherapy）創辦人

將此書獻給我的先生史奇普

飛向宇宙，超越無限

【前言】

情緒不成熟的或許不是你，而是你的父母

某日我聽著一名個案談她的父親，我發現這位父親不只是不適任、有暴力傾向而已，他是屬於病理學上的「不成熟」。這位父親有著小小孩的那種衝動和自我中心，完全沒想到自己對女兒造成了何種影響。就情緒而言，他就像個身形巨大的學步兒——最多不超過十四歲。這讓我想到，不知有多少來做心理諮商的個案，童年便是活在父母這種不可預期、情緒過度反應的陰影之下，成爲情緒不成熟父母的囚徒。所謂情緒不成熟父母，指的是心理上仍是嬰孩，卻擁有絕對的權力與強大的成人身軀。那一天，我在剝除了這些父母的不當權威，看清其霸凌的眞相之後，對他們有了全新看法。

有些個案的情緒不成熟父母舉止看似良好，然而其冷漠程度，甚至表現出的徹底疏離，讓孩子在成長過程中倍感孤寂。這類父母看上去也許能幹可靠，滿心卻只有自己。他們缺乏同理心，無法跟小孩有深刻的互動。也有些人的父母雖然和藹可親，卻總是在孩子碰到問題

需要父母的保護時缺席。

無論屬於哪種類型，個案們那些情緒不成熟父母的骨子裡都一樣：缺乏同理心，以自我爲主，無法與孩子建立豐富有意義的情感連結。總的來說，我很多個案原生家庭的氛圍大致可形容爲：衝突和嘲弄不斷，彼此間缺乏親密情感。

弔詭的是，許多情緒不成熟父母在其他方面可以像個眞正的大人，他們在工作上或社交領域的表現可圈可點。光看外表，很難相信這些人竟能對自己的孩子造成如此傷害。

作爲小孩，我的個案們難以理解父母那種矛盾人格，於是只能怪罪自己——一定是自己不夠討人喜愛，才會備受冷落或虐待。這些個案覺得自己的情感需求不應存在，對自己竟然惹父母氣惱深感罪惡，因而選擇淡化父母的舉止問題或找理由替他們開脫。（「是啦，他們打我，但那個時代很多父母都這樣對小孩啊！」）

情緒不成熟父母的問題

在情緒不成熟父母身邊長大的孩子，有著揮之不去的孤寂感，對所有的人際關係也容易有矛盾猶豫的感受。不論怎麼努力去溝通和建立連結，卻始終被當成空氣，導致了情感上的孤寂。長大成人後，這類子女往往容易被令人失望的伴侶和朋友吸引——對方那以自我爲主、難以在情感面深入連結的感覺，是如此熟悉。

當我教導個案有關情緒不成熟父母的概念，許多人馬上從中看到自己的經歷，頓時有如燈火大亮。我解釋這樣的父母，他們的愛總是聚焦在自己身上，對於孩子嘗試與他們建立深層的情感連結，全然不予理會。一旦對父母不成熟的情緒有所理解，孩提時那些難以解釋的時刻便豁然開朗。能客觀看待父母的不足，讓他們得以掙脫束縛，不再是情緒不成熟父母的囚犯。

並非只有眞正的肢體虐待才傷人。這些父母在整個教養過程中展現的不健康情緒，會造成親子間的緊張與不信任。由於他們對待孩子的態度是敷衍、強迫和批判的，導致孩子難以信賴自身的想法及感受，從而限制了孩子在直覺、判斷、能力與自主上的發展。

如果你有情緒不成熟父母，那麼你大概早就學會壓抑自己，以免惹惱他們。倘若你出於本能地回應，很容易會讓父母勃然大怒。而情緒不成熟父母的激烈反應，會造成小孩退縮、被動和順從，最終導致小孩難以發展自己的個體性，也很難信任他人。爲了配合這樣的父母，當下你乾脆壓抑眞正的自我和想望，但長此以往，你終究會被責任、內疚、羞恥、在家裡的角色壓得喘不過氣。所幸，一旦你對這樣的父母和他們所造成的影響有所理解，你就能重新掌握人生。

讓此書幫助你

這本書是想讓你了解父母不成熟的情緒會如何影響你。除非你能意識到父母心理上的缺陷，否則你將一直錯誤地責怪自己，或是始終期待永遠不會出現的改變。透過此書，你將明白一直以來你所對抗的是什麼，也將能對父母產生最大的理解。

大眾對情緒不成熟之人的性格和行爲缺乏認識，透過學習，你將有辦法具體說明。我著手寫這本書的用意，就是希望你能確切指出情緒不成熟的關係是怎麼回事，包括你與父母之間的關係，以及你爲了配合他們而導致的內在變化。你不必任由情緒不成熟之人主導你的人生。你可以弄清楚他們對你的影響，然後卸下你所承受的壓力。

你也會在書中看到書寫練習，這些練習可以強化你的自我覺察，幫助你探索你與包括父母在內的情緒不成熟之人的互動。希望你會發現這些練習有趣且富含啓迪意義。

不容輕忽的「情緒不成熟」課題

「情緒不成熟」這項課題的重要性遠勝以往。當今情緒不成熟的行爲十分普遍，而情緒不成熟父母在各行各業亦造成莫大痛苦。這種人總要站在中心獨攬大權，使得旁人沒有空間和資源發揮潛能。他們的唯我獨尊和自我合理化往往罔顧他人權益，造成他們任意濫權、騷擾、歧視、剝削和貪汙。

遺憾的是，雖然情緒不成熟的領導者欠缺自省能力，卻反倒讓他們顯得能幹自信，儘管屬下覺得自身利益受損，仍願意配合，只爲成就他們。而這種放任威權者使喚的態度，始於情緒不成熟父母從小給孩子的觀念：你們的想法不及他們重要，他們講的都得照單全收。不難發現在這種教育下長大的孩子，後來很容易就會走入極端，任人剝削，甚至信奉邪教。

當你認識「情緒不成熟」這項課題後，將會懂得應付各種情緒不成熟之舉，無論對方是誰。出現在你人生中的情緒不成熟之人，有可能是你的父母，也有可能是你的另一半、小孩、手足、老闆、顧客、或是任何人。而無論他們是家人或外人，那種互動關係都一樣。能有效套用於情緒不成熟父母的方法，也適用於其他情緒不成熟之人。

各章主題先睹爲快

本書的第一部分旨在探討你一直以來所承受的，並且描述成長於情緒不成熟父母身邊（或是與任何情緒不成熟之人在一起）是什麼樣子，以及你可以如何因應。

在第一章，我們會探究你與情緒不成熟父母的關係。你將認識他們招牌的「情緒不成熟關係運作機制」，以及他們如何讓你維護他們的自尊和情緒穩定。你也會看到他們之所以如此的可能原因。

第二章會詳細描述情緒不成熟之人的性格特徵。你會學到什麼是「情感脅迫」和「情緒接管」，以及情緒不成熟父母怎麼利用你的自我懷疑、羞恥和內疚，來保障他們在這段關係中的主宰地位。

第三章將探索你想跟情緒不成熟父母擁有良好情感關係的可能性。我們會看到幾種不同類型的情緒不成熟父母，探究他們爲何要逃避親密。你將能夠更客觀地看待自己的父母，哀悼你不曾擁有的，然後往前邁進，與自己及他人建立更悲憫和忠誠的關係。

第四章會教你質疑情緒不成熟之人的現實扭曲和情緒危機，以免遭其情緒接管。在回應父母需求的時機及方式這個課題上，你將學會爲自己畫下妥善界線。你會看到他們的壓力如何造成你跟自己的解離，以致你明知不妥，卻還是一肩擔起讓他們高興和快樂之責。

在第五章，你會學到什麼樣的言行，最能有效對付典型的情緒不成熟之舉。你會學到如何閃避他們的壓力、引導彼此間的互動，以及阻止他們接管你的情緒。

第六章會說明包括父母在內的情緒不成熟之人，如何以各種小手段，削弱你對自己與直覺的信心。他們對你的內在生活充滿敵視，隨時都要抨擊你的觀點、想法與感受。在這一章，你將學到如何對羞愧感免疫，並忠於內心的眞實體驗。

在第二部分，重心將從認識及應付情緒不成熟父母，轉向強化你自己的個體性。當你越能專注於自身的成長，就越能消弭在情緒不成熟父母身邊長大對你所造成的影響。

第七章要讓你了解到，重視自己的內在世界，何以對重建良好的自我關係那麼重要。當你忠於內在的眞實自我，你就能夠相信自己，進而懂得透過感受去體察你的需要。

第八章會教你拋開被情緒不成熟之人灌輸的觀念，騰出空間，容許你思考。百般挑剔的情緒不成熟父母不齒任何有違於他們的觀點，而你所形成的自我懷疑將在這一章獲得釋放。當你清理掉情緒不成熟父母過往的影響所留給你的精神混亂，那些揮之不去的擔憂和自責就會少去很多。

在第九章，你的自我概念將獲得更新及擴展。在培養正確、有信心的自我形象這條路上，情緒不成熟父母絕對不曾協助過你；他們只會教你服從，讓你放下自己，以他人的需求和感受爲重。隨著自我概念重獲更新，你將懂得欣賞你爲這世界帶來的種種價值，也將學會卸除扭曲或過時的自我概念。

在最後一章，你將整合全部所學。你會重新檢驗那些情緒不成熟關係底下的祕密條約，審視自己是否準備好重新校準這些傾斜關係。你療癒的終極目標，是與你的眞實自我及福祉建立忠誠、永久的關係。你也將學到，在不必犧牲整體的自我也不必怪罪他們的前提下，盡可能把情緒不成熟的關係轉化至最好。

最後，在後記裡，你會拿到一份給所有情緒不成熟父母之成年子女的新權利法案。這些權利表達出此書的主要概念，你可藉此快速回顧所學。

祝福你

我希望你讀完這本書之後，有感受到自己被充分理解，能懷著自我連結及自我了解，重新展開人生。父母給你生命，也給你愛，只不過他們只能以自己所知的方式來給予。你可以感謝他們，但別再任由他們主宰你的情緒。此刻，你的任務是自我成長——成爲一個能與自己和他人充分連結的個體。若此書能在自我成長這條路上助你一臂之力，我的夢想便已成眞。

【第一部】

你經歷並承受了什麼：何謂情緒不成熟父母

在第一部，你將學到與情緒不成熟父母相處是什麼感受、他們為什麼會這樣、他們的性格特徵，以及想與他們建立美好的親密關係何以如此之難。

面對這般的情感扭曲與支配的企圖，你會學到應付方法及互動策略，以保護自己的健康界限。你會明白為什麼忠於自己如此重要，並懂得推卻父母的緊急需求和情感脅迫。

1

認識情緒不成熟父母：他們為何這樣對你

探索前的準備

情緒不成熟父母令人沮喪又混亂。他們的情感封閉，想集榮寵於一身，對你既箝制又冷淡。要愛這樣的父母，眞難。

與情緒不成熟父母的關係，特點就在你的情感需求無法得到滿足。「情感親密」意指彼此間有深刻的了解，然而你的父母對此毫無興趣。這種發自內心的分享所帶來的深層連結，會讓彼此對對方產生特殊意義，只不過情緒不成熟的父母就是做不到。

你偶爾會瞥見他們想要有這種親近感，於是你不放棄地伸手走向他們。很遺憾地，你越是向他們伸手，他們便越往後退，對眞正的親密避之唯恐不及。那就好像一場雙人舞，你每向前踏出一步，對方立刻跟著後退一步。他們亟欲得到關注卻又害怕親密，那種欲拒還迎的態度讓你失落不已，倍覺寂寞。你關心父母，但就是無法與他們建立深刻的、親密的關係。

一旦你理解他們，這些疑惑將霎時變得清晰，你也將懂得一直以來那股揮之不去的孤寂感是從何而來。當你認識「情緒不成熟」這種精神狀態後，你就會知道如何跟這樣的父母（或任何情緒不成熟之人）相處，你有能力設定合理的期待，不再受到他們的情感脅迫，爲彼此建立更眞誠的關係。

在這一章，我們將探討與情感冷漠的父母貼身相處是怎麼回事。你會學到「情緒不成熟關係運作機制」，他們就是以此來代替關愛；你也會認識他們之所以這樣的可能原因。

在探索的過程中，你不妨隨時做個筆記。書中會有許多練習幫助你消化所學，建議你最好爲此專門準備一本筆記本。當你記錄下每個自我發現，你就爲自己注入了寶貴的情感支持與肯定，而這兩樣是情緒不成熟父母難以給你的。

這個記錄過程，讓你終於能把之前那些難以捉摸、無法定義的經歷化成文字。記得隨時寫下你心中升起的感受、回憶與洞見——也許是關於你的父母，也可以是你身邊任何情緒不成熟之人。每寫下一次經歷與領悟，記得多留兩行空白，以備填補更多心得。當你之後回顧這段努力的過程，其價值難以言喻。秉持這個精神，我們來看看你爲何會拿起這本書吧。

練習1

你想從此書中獲得什麼

花點時間思索此書何以吸引你。在你的筆記本（或是暫且先用現成的紙張），寫下你見到書名《如果父母情緒不成熟：和內在父母和解，從假性孤兒邁向情感獨立的大人》時，內心產生的悸動。你希望從此書中發現什麼？關於誰？此人讓你作何感想？你想跟這人建立什麼樣的關係？若這人已經過世，你盼望你們之間曾有怎樣的關係？

現在就讓我們來看看，與包括父母在內的情緒不成熟之人相處是什麼樣子，以及他們對你造成什麼感受。這可能會翻攪出過往的傷痛，因此如同踏上任何自我發現之旅，若你在過程中覺得有需要，請務必尋求專業心理治療師協助。

情緒不成熟之人慣用的十種互動模式

情緒不成熟父母或是情緒不成熟的其他人，與人互動的模式十分鮮明。下列十種體會，描述出與他們相處是什麼樣子。

1. 在他們身邊，你總是覺得孤單

成長於情緒不成熟父母身邊，易造成情緒上的孤獨感。儘管父母人就在那裡，然而在情

緒上你卻可能覺得備受冷落。雖然你感覺與他們有著家人間的連結，但就是截然不同於感情深厚的親子關係。

情緒不成熟父母慣於指使孩子，卻難以給予孩子情感上的呵護，因爲那會使他們感到不自在。你生病時，他們也許會悉心照顧你；你若情感受傷、心碎一地，他們便不知該如何是好，於是在試圖安撫沮喪的孩子時，情緒不成熟父母可能顯得笨拙而不自然。

2. 與他們互動，感覺像是走在令人喪氣的單行道

情緒不成熟父母是自戀狂，同理心不足，與他們互動會讓你覺得是自己單方面的行爲，彷彿他們心裡只有自己。當你試著要分享重要的事情，他們極可能會搶先說話、改變話題、只顧著講他們自己的事、或是直接忽略你要說的主題。一般來說，這些孩子了解父母的問題，遠甚於父母對孩子的認識。

雖說情緒不成熟父母不開心時很需要你的關心，然而當你心情低落時，他們卻鮮少給予關懷或聆聽你想說的話。他們往往不是陪伴在身邊聽你傾訴，而是一味地提出一些無濟於事的建議，叫你不要煩惱，甚至對你的難過感到不耐煩。他們緊閉心門，而你無法走進去博取任何的撫慰或同情。

3. 你自知受到他們的情感脅迫卻無計可施

情緒不成熟父母總是要你以他們爲優先，一切任其主導。爲了確保如他們所願，他們以羞辱、罪惡感、恐懼作爲要脅，直到你就範。若你不從，他們就會大發脾氣，嚴厲譴責。

很多人用「操控」一詞來形容這類情感脅迫，但我認爲那有誤導之嫌。這類行爲其實比較接近生存本能。當下，情緒不成熟的父母只顧不計一切要重獲主權和安心，完全不管你得付出什麼代價。

他們那種敷衍的往來模式可能令你感到無奈。情緒不成熟父母跟人互動時總是以自我爲中心，膚淺而表面，跟他們交談常常讓人覺得很無聊。他們總是在他們覺得安全的話題上打轉，談話很快便顯得重複和停滯。

4. 他們第一，你是次要

情緒不成熟父母極端自我，這表示凡事都要以他們爲中心。只要他們有需求，就期待你接受次要的地位。他們總是把自己的利益擺在第一，而你永遠只是次要。他們從沒想要建立平等的關係，只要你盲目配合，以他們所求的爲重。

少了重視你的情感需求的父母，你會沒有安全感。因爲懷疑父母是否在乎你、是否願意挺你罩你，導致你陷入緊張、焦慮和憂鬱之中。童年時若父母沒有關心你的需求，保護你不被擊倒，便容易出現上述反應。

5. 他們無法與你建立親密感或是交心

情緒不成熟父母儘管有強烈的情緒反應，實際上卻是在逃避深刻的感受。他們害怕流露眞情，因此常常武裝自己。他們甚至避免對孩子溫柔，只因害怕自己變得軟弱。他們也擔心，流露愛意會減損自己身爲父母的權威，畢竟對他們而言，權威代表一切。

雖說情緒不成熟父母總是極力隱藏自己脆弱的情感，但一碰到某些狀況卻會爆發激烈情緒，譬如與伴侶爭吵時、抱怨自己的問題時、宣洩怒氣時、對孩子發脾氣時。只要不高興，他們的表現就完全不像是會害怕表達感受的那種人。但這種單向式的情緒宣洩只是在釋放他們的壓力，並不表示他們有意願與旁人建立眞正的情感連結。

因此，你很難安撫他們。他們只希望你知道他們有多不開心，卻拒絕眞正的親密感。你若試圖加以安慰，他們反而會把你推開。這種差勁的「接受能力」，使他們無法接受你努力想給他們的撫慰和連結。

6. 他們不明說，而是藉著情緒感染來溝通

情緒不成熟之人從不好好說出他們的感受，而是無聲地透過「情緒感染」（Emotional contagion）傳遞給你，讓你跟著不開心。就家族系統理論來說，此種缺乏健全界線的情況稱爲「情感融合」（Emotional fusion），在結構性家族治療中稱爲「糾結狀態」（Enmeshment）。在這個過程裡，情緒不成熟之人的家庭成員會陷入彼此的情緒及心理問題當中。

情緒不成熟父母希望不用他們講，你就該明白他們在想什麼。就像小孩子一樣，如果你沒猜對，他們就會又氣又惱。假如你反駁說那是他們不明講所造成的，他們的反應便是：「要是你眞心愛我，你就應該曉得。」他們指望你時刻洞悉其意。嬰兒或小小孩對父母有這種期望很合理，但若父母對孩子存有這般期待就不然了。

7. 他們從不尊重你的界線或個體性

情緒不成熟父母不大理解所謂的「界線」是什麼。在他們看來，界線意味拒絕，表示你不夠愛他們，才不讓他們隨意踏入你的生活圈。所以當你要求他們尊重你的隱私時，他們會

表現出不敢置信的樣子，覺得自己被冒犯，深感受傷。唯有放任他們隨時干涉你的生活，他們才相信你的愛。情緒不成熟父母期望在關係裡擁有主宰權與特權，完全不會考慮他人的界線。

這樣的父母自然也不會尊重你的個體性，因爲沒那個必要。對他們而言，家庭和每個人的角色都是不可違背的，他們不懂你需要什麼空間，或是爲什麼要脫離他們去追求什麼主體性。他們不懂你爲何不能跟他們一樣，一切都照著他們的想法去做，抱持跟他們同樣的信念與價值觀。你是他們的孩子，自然屬於他們。即便長大成人，他們依然期待你是那個百依百順的乖小孩，再不然的話，若你堅持展開自己的人生，那麼至少也該聽從他們的忠告。

8. 你獨自做出情緒努力，他們卻未必領情

「情緒努力」（Emotional work）是指爲了因應他人之需，在情緒上所做的努力。它可以很簡單，像是保持愉快有禮；也可以很複雜，比方拚命試著跟充滿煩惱的青春期孩子講道理。情緒努力包含了同理心、常識、理解對方的動機，以及能預測對方會有什麼反應。

關係若出了問題，需要馬上積極做出情緒努力。而若要維持長久的健全關係，則需做出不少艱苦的「情緒勞務」，包括道歉、求和、嘗試修補。但因情緒不成熟父母對修補關係毫

無興趣，所以重建連結的努力可能就得落在你頭上了。

情緒不成熟父母不僅不道歉或盡力修復關係，反倒是常提油滅火，怪罪他人，撇清責任。明明只要一句道歉即可化解僵局，情緒不成熟父母卻硬要說是因爲你做了什麼（或沒做什麼），才導致他們有此傷人之舉；要是你早早知道要照他們的話去做，問題根本不會發生。

9. 你喪失情感自主和精神自由

情緒不成熟父母把你視爲他們的延伸，毫不在乎你內心的想法和感受，反而認爲自己有權決定你的那些感受是合理的還是無病呻吟。他們並不尊重你的情感自主，也不尊重你擁有自身感受的自由與權利。

既然父母認爲你的想法應該與他們如出一轍，當你出現別的念頭，他們便感到震驚和反對。他們甚至不讓你在心裡存有某些想法。（「想都別想！」）他們透過安全感，自動將你的想法和感受過濾爲好或壞。

10. 他們很能掃興，甚至殘忍到病態

對孩子也好，對其他人也好，情緒不成熟父母可以讓人掃興到極點。他們很難與別人的感受產生共鳴，無法因他人開心而開心。孩子表現優異，他們不感到與有榮焉就罷了，甚至還可能跟孩子搶風頭。這些父母更是出了名愛拿成人生活的不堪現實來澆熄孩子的夢想。

舉個例子，十幾歲的馬丁驕傲地告訴爸爸，他的第一場音樂表演賺到五十美元。爸爸瞬間的反應竟然是說，沒人能靠這麼點薪資養家。這位缺乏同理心的父親，完全錯失當下情緒的重點。

虐待狂父母則更勝一籌，他們是眞的以使人痛苦、難堪、受壓迫爲樂，而那正是他們宣示自己擁有稱霸權的一種方式。虐待成癖的情緒不成熟父母樂於看到孩子痛苦，無論精神上或生理上都愛。肢體暴力顯然屬於此類，而隱藏版的虐待則往往表現爲「逗弄」和「開玩笑」。

舉例來說，愛蜜莉把未婚夫介紹給家人時，她那會動手施暴的爸爸「開玩笑地」告訴這位年輕人，若愛蜜莉拉高嗓門就該把她扔出去。媽媽和姊妹們也跟著附和「逗弄」她，看著難堪至極的愛蜜莉而樂不可支。

虐待狂父母就愛看到孩子軟弱無力。藉由極端的身體處罰、長時間與孩子冷戰、施以長時間的限制、讓孩子覺得無路可走，這些父母暗中享受孩子的絕望無助。舉個例子，布魯斯還小的時候，爸爸常把他緊緊箍在大腿上不讓他下來。布魯斯若開始扭動哭泣，爸爸就帶他進房間拿皮帶抽打他。之後爸爸會跟他道歉，但理由是布魯斯實在「太壞」，所以一切都是他咎由自取。

接下來，我們要看情緒不成熟父母如何影響他人的情緒和自我價值。他們待人的模式，會立即在潛意識中影響你的情緒和自尊。看是出於想控制你或對你加以攏絡，他們的舉止能讓你對自己感覺很好或是糟透了。

情緒不成熟關係運作機制

情緒不成熟的人本身即欠缺調節自尊與情緒穩定的能力，他們需要從旁人的反應來取得平衡，於是他們設法讓身邊的人覺得有責任使他們開心。他們藉由錯綜複雜、極其微妙的暗示，讓他人興起特定感受。我稱此爲「情緒不成熟關係運作」。

這項運作機制使你必須非常留意情緒不成熟父母的情緒狀態，遠勝過自己。在這個關係系統的影響下，你隨時都要關照父母的情感需求，根本無暇聆聽自己的直覺。你發現自己無論如何都要照顧好父母的情緒。由於你不健康地過度在乎父母的情緒，以致你總是把焦點放在他們身上，直到你幾乎出現偏執，一心只以父母的情緒爲念。此時，他們便做到了對你「情緒接管」，也就是讓他們的情緒狀態成爲你關注的中心。

就人生初期階段來說，這種運作機制很正常，它是嬰孩與照顧者之間一種必要的情緒安排。爲了生存和長大，嬰孩需要滿懷愛意的大人隨時留意他們之需、撫慰他們之苦。嬰孩一哭，一般的父母會揪著心，願意做盡一切只求能安撫孩子。對敏感型父母來說，孩子的憂傷苦惱，瞬間便成爲他們的憂傷苦惱，孩子的情緒狀態與身體狀態一樣令他們在意。在嬰兒期與學步階段，這種情緒助力非常關鍵。

正常的孩子對於關注和安撫的需求，會隨著他們變得成熟而逐漸減少。反觀情緒不成熟父母的自我情緒調節，卻未隨著年齡增加而充分成熟。因爲無法控制自身的情緒和失望之情，他們只能仰賴旁人當下便察覺到他們的需要，並即刻使他們獲得安慰。若沒有被當作主角，他們就呼天搶地。就像小小孩一樣，他們需要大量的關注、順從及正面回應，使他們得以保持平靜。而跟小孩不同的是，他們不曾自關注中成長並變得成熟。早期的情緒傷口與剝奪所激發的心理防禦，使他們一直停留在與舊日相同的防衛模式中，就算給予再多撫慰也沒用。

承擔父母不成熟的情緒對你造成的影響

當你首次陷入某人的情緒不成熟關係運作機制時，你恐怕並不自覺。這種互動機制中的情緒感染是如此強烈迫人，在你覺察到之前，你早已深陷其間。職是之故，及早認識這種關係的壓迫和重擔非常重要，如此才能保護你的界線、情緒自主和自我價值感。你必須有足夠的警覺與準備，才不會受到牽制。

你覺得要為他們的感受負責

不妨把這種機制想成是父母施加於你的一種魔咒，使你相信他們的快樂是你的責任。同理，他們的憤怒和壞心情也要由你負責，彷彿你本來就該阻止這種狀況發生。

包括父母在內，只要情緒不成熟之人不開心，那股低氣壓即在你的心裡蔓延，盤踞中心。你不斷焦慮著該如何幫他們處理好問題，你的心被他們所說和所做的事占滿了。即便手中忙著其他事情或夜裡試圖入睡，父母的煩憂仍在你腦中徘徊不去，讓你不斷思忖：「我做錯了什麼？我能如何挽回？」或是：「我有盡力幫他們嗎？」

你整個人被父母的不快樂包圍並滲透，自覺必須解決好一切。他們的情緒不成熟關係運作機制把你扯進他們的經歷當中，使他們的痛苦化爲你的痛苦，於是你再也看不見自己的感受和需求。當此機制控制了你的情緒，父母的問題就宛如你的問題，儘管理智上你知道不是這樣。

約翰的故事

約翰年邁的母親住在很好的養生村，但她常常爲一些芝麻小事打電話給他。電話中母親的口氣總是很急迫，讓約翰覺得必須扔下手邊的一切趕去解決。但事實上，她並不需要雜活工，她只想確定自己可以隨時找到兒子。約翰雖知母親的處境沒有聽起來的那麼危急，卻總是無法淡然處之。

法蘭克的故事

法蘭克失婚的爸爸羅伯，總愛在半夜酗酒後來電，他常因被鎖在門外而要法蘭克去接他。他生了病，要法蘭克留在醫院陪他，「因為我沒有別人了。」爸爸講得那麼可憐，法蘭克實在無法拒絕。爸爸的問題逐漸纏身，開始影響到法蘭克的家庭與工作。法蘭克深陷羅伯的問題當中，看不出老爸應該要有自覺，讓自己重新振作起來。

當然，健全成熟的人也不免有需要幫助的時候，但方式不同。當他們開口求助，他們會想到對方的處境，讓對方有拒絕的空間。他們不會期望你為他們放下一切。當你伸出援手，他們心懷感激。相對地，情緒不成熟父母會施加情緒壓力在孩子身上，暗示你若膽敢說「不」，就表示你根本不關心他們。

你疲憊不堪，時時警戒

陷入某人的情緒不成熟關係運作裡，會使人筋疲力竭，因爲你得代他們挑起許多情緒工作。面對包括父母在內的任何情緒不成熟之人，你勢將付出比對一般人更多的心理能量。同時，你不斷地等著下一個問題出現，因爲你已慢性擔憂著他們下一個緊急事件會是什麼。一旦他們這種情緒不成熟機制潛入你心，你會隨時處於戒備狀態，時時恐懼著他們何時會心情大變。你身不由己，無時無刻都要監測他們的情緒，著實耗費心神。

成熟的人知道你不可能隨傳隨到，他們理解你的處境，並且尊重你的極限。

你沒有說「不」的權利

情緒不成熟父母以如此激動、受害的方式把問題丟給你，讓你毫無拒絕餘地。霎那間，你自己的感受變得不重要，眼前最大的任務是讓他們平靜下來。而如此一來，你便失去了情感自主——你尊重並追尋眞實感受的自由。

情緒不成熟父母迫使你扮演最能滿足其情感需求的角色。舉例來說，當他們焦頭爛額，你不自覺地便幫他們把問題搞定；若他們覺得委屈，你義憤塡膺要爲他們出氣；當他們感到孤單或覺得不被重視，你可能會發現自己不由自主地表達了超出自己對他們所擁有的愛與投入。以上這些，就是情緒不成熟關係運作的力量。

如果你不伸出援手，情緒不成熟父母的反應可不只是感覺受傷或被遺棄，他們會立即轉而大怒或施暴。他們先是利用你的同理心，接著再以不悅作爲要脅。若你沒馬上讓他們覺得好過一些，他們就會出言侮辱，責備你毫無良心，說你自私不可靠，只因你沒有把他們的事當作最重要的。

情緒不成熟父母的這種關係運作機制，會在家裡形成一種情緒極權氛圍。所有的目光只能聚焦在他們的需求與心情上，如果孩子不努力撫平其不悅，恐怕就要面對更崩潰的父母。這往往迫使孩子只能乖乖就範。對一個孩子而言，沒什麼比目睹成年父母情緒失控更可怕的了。這句話也適用於你的配偶、朋友和上司。

你盡力提供協助，得到的卻只有滿心挫敗

雖說情緒不成熟父母跟你抱怨，但他們通常對任何解決辦法敬謝不敏。對他們而言，這並非雙向交流。你的建議甚至可能讓他們感到受辱或冒犯，當他們變得不耐煩，往往會回說：「對，但是……」，藉此表示你顯然不明白他們的處境是何等艱難。事實上，你竟會以爲問題有法可解，這種想法著實令他們深感憤慨。「你難道看不出這個問題有多麼棘手、複

雜而特別嗎？你就不能站在他們這邊嗎？」

情緒不成熟父母很少會客氣的求助，像是：「你可以幫我處理這個嗎？」或是：「我該怎麼做才能解決這件事？」他們以無比的焦慮淹沒你，彷彿你天生就該接手處理掉他們的問題。而解決了這個問題，事情卻沒完，因爲這只是開端。

你的幫忙無法滿足他們太久。一個好心之舉永遠不夠。儘可能抓住你長久的注意與關切，才是他們的主要目的。他們不需要你的指點；他們要的是你。那些沒完沒了、無法解決的種種問題，正是爲達此目的的完美手段。當你開始幫忙，其他問題便會迅速衍生，比希臘神話中九頭蛇的腦袋竄出的速度更快。那些接踵而來的問題，就是他們把你綁在情緒不成熟關係運作中的方法。

他們怪你令他們失望

情緒不成熟父母很有可能下意識地把他們早年有缺憾的親子關係，投射到你們的關係當中。也許因爲這樣，他們經常表現得好像你不夠愛他們或不夠關心他們。你可能覺得父母在怪你，好像你再次掀開了他們童年受父母冷落的夢魘。你也許覺得自己好像來自古老家族軼事裡的壞蛋，而那一切跟你根本毫不相關。

吉兒的故事

吉兒的媽媽克萊兒心煩意亂。她剛出了個小車禍，還好人沒事。一週後吉兒要去度假，那是早就計畫好的。克萊兒暗中希望女兒會取消這趟旅行，結果不然，這讓她深感受傷。「我以爲你愛我。」她對著吉兒哭喊道，被拋棄的感覺宛如小時候被自己媽媽送去跟外婆住一樣。當克萊兒不自覺地把早年被遺棄的創傷投射到跟女兒的關係當中，她對待吉兒的態度，便有如吉兒是自己悲慘童年那個捨棄她的母親。

你不自覺地背負了他們的情緒

情緒不成熟父母會激你做出異常激烈的情緒反應，那是因爲他們可藉此消除自己的不快。他們會假裝自己沒有這樣的情緒，實際上卻已經把這些東西推到你這邊，結果就變得好像是你有這些感覺。舉個例子，你可能會因爲被動攻擊型的情緒不成熟父母覺察不到自身的憤怒，而幾乎抓狂。這種下意識地把困擾自己的情緒讓別人去背負的行爲，稱爲「投射性認同」（Projective identification）。這樣的父母如孩子般地，硬要把一堆他們不承認的麻煩情緒丟給你。這一切發生得如此之快又難以察覺，在你意識到之前，你早已籠罩在那些情緒當中。情緒不成熟父母表現出的這種行爲，是頗不尋常的心理現象。

所以當你身陷任何人的情緒不成熟關係運作中，最好時時自問：「這是誰的感覺？」若你當下的反應似乎過於激烈，異乎尋常，完全不像你自己，那麼很有可能是情緒不成熟之人逼出你的這些感受，目的是要由你幫他們承受。面對情緒不成熟之人，可藉由自問來取得客觀評估：「這個感覺是來自我、還是他們？」退後一步這樣問，是很重要的。只要能了解這其實是情緒轉移，你就不會莫名去背負那股情緒。

情緒不成熟父母自身的問題

情緒不成熟父母也許有個不幸的童年，包括虐待及情緒剝奪。以前的年代缺乏父母養成教育、心理治療和學校諮商，社會上也沒有保護兒童權益的意識。當時，肢體處罰、情緒虐待、威嚇羞辱都是父母教養小孩時的家常便飯。情緒不成熟父母若童年飽受冷落或創傷，就可能會過度以自己的需求為先，就像一個人不斷檢視自己還沒癒合的傷口。以下列出一些問題，供你省思你父母的成長背景。

他們在成長過程中有深刻的連結關係嗎？在充沛的情感中成長的人擁有深度的平靜，而這是情緒不成熟父母所沒有的。孩提時與和善的照護者之間建立起的安全感和深刻的自我接納，亦是情緒不成熟父母所缺乏的。或許是因為童年缺乏連結，以致他們不斷從孩子身上索求絕對的忠誠和犧牲。這樣的父母表現得就像深怕別人不把他們放在心上。

因為童年缺少可靠的依附，情緒不成熟父母長大後可能很具有防衛心，不願碰觸自己的深層感受，難以跟孩子建立溫暖的連結，因此他們與人往來只停留在表面。在關愛及安全感方面的匱乏，可能讓他們日後以掌控他人作為彌補。

他們是否把未解決的家族創傷內化了？我的很多個案敘說了家族流傳多代的各種創傷，包括流離失所、拋棄、剝奪、虐待、成癮、財務困頓、健康危機、破壞行徑等。很不幸地，這些創傷經常會由父母傳給孩子，以致歷史不斷重演，造成一代又一代的情緒受困與不成熟，直到終於有人停止這一切，有覺知地處理種種傷痛。

他們有能力培養自我感嗎？在過去的年代，大人看著孩子，但不會聆聽他們說話。在那樣的社會氛圍中成長，情緒不成熟父母大概難以發展出足夠的情緒覺察，並建立自我感。

這個問題很嚴重，因爲自我感是覺知自身存在的情緒基礎。沒有它，我們便無法體會完整的存在與價值，難以產生眞正的自信，因而需要仰賴外界事物來定義自己。許多情緒不成熟父母漠視或壓抑自身的感受，全憑外在獲得安全感。一個人若缺乏眞正的自我價值和身分認同，也就只能從外界及別人身上得到這些了。

自我感也是自我意識與自我反省的基礎。有了自我意識和自我反省，我們才懂得觀照自己，明白自己的行爲會如何影響他人。兒時沒能培養出自我感的人便很難自我反省，心理上無法改變並變得成熟，始終停留在指責他人、期待他人先做調整的程度。

重點摘要

現在你已經明白，一直以來你和情緒不成熟父母之間的問題了。你學到他們的情緒不成熟關係運作，看清那個機制如何使你自覺需負責維持他們的自尊和情緒穩定。你了解到他們怎樣利用自己的問題來主導所有互動，規定你該有怎樣的想法與感受。我們探討了情緒不成熟父母的童年對其人格和行為的可能影響，你的父母或許就背負著家族未曾解決的創傷。現在，你已取得有利位置來挑戰這些力量，儘管你承受著情感脅迫，仍有辦法照顧好自己的成長。

2

情緒不成熟父母的策略：他們如何操控你

包括父母在內的情緒不成熟之人，總以一種唯我獨尊的方式行走人生，讓周遭每個人都感覺自己被漠視。而一旦你了解這種人的性格特徵，你就不再那麼爲他們的拒斥所傷，也不再那麼受其情緒需求所壓迫。在我們繼續深入探究之前，先來評估你父母的情緒不成熟性格。

拿出你的筆記本，列出下面哪些陳述適用於你的雙親或是他們其中一人。

1. 爸媽常對小事反應過度。
2. 爸媽對我的感受很少表現出同理或關心。
3. 在碰到深層的情感和親密的情緒時，爸媽似乎很不自在，不願繼續。
4. 不同的個人表現或主張，往往讓爸媽惱怒。
5. 成長過程中，爸媽常當我是知己，但他們卻不想成爲我的知己。
6. 爸媽常講出或做出某些事，全然不管別人的感受。
7. 除非像是我病得很重，否則很難得到爸媽的關心或同情。
8. 爸媽沒什麼一致性，他們有時饒富智慧，有時蠻不講理。
9. 對話總是繞著爸媽的興趣打轉。

10. 我若心情不好，爸媽要不說些毫無幫助的敷衍話，要不就對我發火，冷嘲熱諷。
11. 即便很有禮貌地表示不同意，仍會讓爸媽非常反彈。
12. 跟爸媽分享我的成就很令人洩氣，因爲他們似乎一點也不在意。
13. 我常覺得自己不夠關心爸媽，爲他們做得不夠多，因而感到內疚。
14. 在爸媽的主觀意見之前，事實和道理只能靠邊站。
15. 爸媽缺乏自省能力，很難看到他們在問題中該負起的責任。
16. 爸媽的思考傾向非黑即白，排斥新的想法。

以上都是典型的情緒不成熟性格。即便僅對照出幾種，也強烈顯示出有情緒不成熟的徵兆。

情緒不成熟父母的四種類型

情緒不成熟的光譜十分廣泛，從極輕微到明顯的精神錯亂。情緒不成熟並不同於精神異常，但精神異常病患的情緒多半不成熟。情緒不成熟的概念較臨床診斷廣泛，比較實際，也沒那麼病態化。它可能隱藏在許多心理問題底下，尤其像是自戀型、戲劇型、邊緣型、偏執狂等人格障礙。所以，情緒不成熟者的共通之處有自我中心、低自尊、需要成為焦點、漠視個別差異、難以建立情感上真正的親密。

情緒不成熟父母也許外向，也可能是內向的。外向者需要得到關注與互動，其自我中心遂很容易看出。內向者可能沒那麼愛出風頭，但其以自我為主的本質卻絲毫不輸前者；儘管行事低調，他們同樣對你的事情沒什麼興趣，與你之間屬於單向關係，焦點總是在他們身上。

接下來讓我們看看情緒不成熟父母的四種基本類型：

情緒型父母

此類型情緒不成熟父母受感覺主宰，只要事情出乎意料或是讓他們感到不快，便反應激烈。他們的情緒極不穩定，有時一觸即發到令人驚駭，一樁小事也能搞得像世界末日。旁人對他們來說，要不有如救星，要不就是拋棄他們的人，端視對方有無滿足其需求而定。

驅動型父母

此類型情緒不成熟父母超級目標導向，總是忙個不停。他們不斷地前進，聚焦於改進，一心要改善每件事，包括所有人。他們經營家庭的方式有如截止日在即的工作專案，但對孩子的情感需求卻表現得相當無感。

被動型父母

此類型情緒不成熟父母會讓自己成爲較溫柔的一方，而讓配偶扮黑臉。表面看來他們很疼愛小孩，但卻缺乏深層的同理，也不會出手保護孩子。雖說他們看似比較有愛，但他們會屈從於主導的另一半，甚至對對方虐待、冷落孩子的行爲視而不見。

排斥型父母

此類型情緒不成熟父母對關係毫無興趣，極力避免任何互動，期望家庭以其需求爲重，而非小孩。他們無視其他人的需要，只顧專心處理自己的事情。他們與孩子的關係疏離，只要一不順心，便可能大發雷霆，甚至不當管教。

接著我們要教你如何判斷父母有情緒不成熟的人格特質。

他們的人格特質和展現不成熟情緒的方式

除了第一章談及的關係問題，情緒不成熟父母還有特定的心理素質。現在，我們就來探討一些常見於情緒不成熟父母（包括其他情緒不成熟之人）的人格特質與行爲。

情緒不成熟父母的生活態度

情緒不成熟父母的人生極度重視自我，與人往來總是唯我獨尊。

心懷恐懼，缺乏安全感

如你在第一章讀到的，許多情緒不成熟父母可能在童年時飽受情感剝奪、虐待或創傷之苦。深入探究其行爲會發現，由於他們不曾眞正感受到被愛，因而害怕失去舉足輕重的地位。害怕自己會被拋棄，擔心自己遭到嫌棄，使他們更加不安。基於內心深處這些怕自己不被愛的恐懼，他們只有掌控他人才能感到安心。

需要宰制權

情緒型、驅動型和排斥型父母會想要控制別人，被動型父母則完全配合掌權的另一半走。而無論哪一種，都會不計一切代價得到安全感。

情緒不成熟父母掌控你的最有效方式，就是左右你的情緒，藉著讓你害怕、羞恥、內疚、自我懷疑來影響你。一旦激起這類負面情緒，有問題的人就變成是你，而不是他們。讓你成爲「有毛病」的一方，讓他們好過許多，但這只是暫時的。什麼都無法徹底使他們有安全感。

爲了合理化自己的掌控，情緒不成熟父母會把他人都視爲欠缺能力與判斷力，所以他們得教你該做什麼以及怎麼做。這樣的過度掌控，對孩子的自我效能感與自信傷害甚大。情緒不成熟父母也會警告孩子，不聽他們的意見會落得怎樣可悲的下場，導致孩子更加退縮。

情緒不成熟父母的重心在於掌權，不像一般成熟父母具備眞誠的溫暖。他們可以表現得很溫暖，實際上卻像是演出來的。他們缺乏眞心的溫暖與坦然，只懂得散發迷人魅力。他們在乎的是人際互動上的主宰，而非彼此的連結。

以角色界定人己

「角色」對於情緒不成熟父母的安全感和自我認同而言是一切。他們無疑希望別人能保持明確的身分，不可逾越。他們把人劃分爲主宰和屈從兩類。平等的關係令他們深感不安，搞不清誰才能發號施令。

情緒不成熟父母會利用他們身爲父母的身分，毫不尊重你的自我界線，藉此把你放在他們安心的位置。任何足以破壞你在家中角色的自我個體性，他們大概都不容許。

唯我獨尊，不懂反省

情緒不成熟父母總以自己的需求爲首。他們自認有權如此，幾乎從不客觀自省。由於不曾觀照內心，他們鮮少質問自身的動機或反應。舉例來說，他們很少會質疑他們的麻煩是否是自己造成的。

他們從不思索個人的成長，甚至對此概念嗤之以鼻。他們缺乏自省能力，也無意探索自己或改善人際關係，一心只想從心所欲。基本上，成長使他們害怕，因爲那意味著難以逆料的變化，會威脅到其安全感。

因爲不曾自省，情緒不成熟父母有欠思考，總是有話即衝口而出，令旁人目瞪口呆。若明白指出他們太過莽撞，他們可能會說：「我不過是說出我的想法而已」，彷彿大聲說出所想乃是天經地義之事。

嚴以待人，寬以待己

許多情緒不成熟父母性格多疑，認爲世界總是與他們作對，人們常莫名地找他們麻煩。基於這種猜忌，他們只要不順心便責怪他人，人際關係也就衝突不斷，時好時壞。他們總認爲自己沒錯，脆弱的自尊受不起任何批評。他們的自尊建立在一切是否順他們的意上——是的話，他們就開心；若不是，就陷入絕望。

衝動行事，無抗壓性

情緒不成熟父母沒什麼抗壓能力。他們無法等待，總是不耐煩地催促孩子和旁人。抗壓性低，使他們一碰到阻礙便覺得萬事休矣。除了儘快剷平問題，他們不知道該如何平靜下來。他們會採取其他行動讓自己好過一點，這有時有用，有時則行不通。而這招往往只會讓事情更糟。容易衝動行事、惹禍上身的就是他們。他們極力想躲掉壓力，卻總是導致更多壓力。

他們面對現實之道

現實中布滿各種強大混亂、不斷演變的刺激，情緒不成熟父母的因應之道是：將其簡化為他們能夠解釋、似乎可以解決的斷簡殘篇。

否定並抗拒現實

喬治．瓦倫特（George Vaillant）這位學者，因其在哈佛大學所做的格蘭特終身研究（Grant Study of Adult Development）聞名於世。這項研究追蹤受試者長達三十年，企圖了解健康、正向運作和快樂的相關因子。他發展出一套評估標準來衡量人們是否順利走過人生，也可說是一種情緒成熟度的指標。瓦倫特的結論是：當我們能覺察到自身的感受與動機，並能客觀地評估現實，如此最能夠適應人生。

調適順利、情緒成熟的人，擁有平衡的人生和滿意的人際關係。他們能夠自在地接受自己和他人的內心世界。他們會如實接受世界本來的面貌，努力適應，且多半不拚命對抗。他們的應對機制很有彈性，並不硬要控制一切，而是會盱衡所有因素，找出最適合、最沒壓力的出路。在艱困時期，他們會以幽默和創意面對，壓下無用之念，配合利他行為。

相對地，情緒最不成熟之人總想改變現實，他們否定、忽視、扭曲自己不喜歡的狀況。在最適應不良的情況下，一個人可能完全與事實脫節，出現精神異常。

部分情緒不成熟之人能接受客觀事實，但情緒上仍會抗拒。他們藉著說理、論述、貶低，推開不快的情緒。為了隱藏痛苦，他們可能濫用藥物或透過其他途徑發洩，即使理智上他們深知事實如何。

相信他們的感受即是事實

情緒不成熟之人以情緒來看待人生，而非從理性出發，所以現實對他們而言，是從感覺上如何來決定的。這種相信自己當下所感受到的便是事實，稱為「情感現實主義」。人人都會如此——當我們心情好，一切看來都好。但情緒不成熟之人卻把這點推到極致：他們的感覺如何，事實便如何。

舉例來說，達希的母親愛講些完全不是事實的話，只因她堅信如此。達希原本不明白為何這點總讓自己跳腳，後來才了解到，那正顯示出母親病態的自我中心——任何事情、任何人，都該像她認為的那樣。

漠視他人真正的感受

情緒不成熟父母自己臉皮很薄，卻很無感於別人的情緒。由於同理心低，他們的反應總讓人感到受傷或冷漠。這種難以與他人產生情緒共鳴的情形，使他們的情緒智商很低，人際關係常出現問題。

強烈的情緒簡化了事實的真相

情緒不成熟之人的情緒十分強烈，非黑即白，就像小小孩還沒調整過的情緒。他們把所有的人和事簡單歸納成全好或全壞，這種二分思維使他們無法同時體會對立的感受，情緒也就難以調整或平衡。這個問題很嚴重，因爲要想充分接收多面向的現實，必得要有交錯細微的各種情緒。成熟的情緒讓你能同時體驗不同的感受，像是哀傷卻也感恩，氣憤但也謹慎。唯有透過這樣的複雜情緒，我們才能捕捉他人幽微的感受，了解事實的全部樣貌。

漠視現實的時序性

人生各個事件會因時間先後而產生意義，了解這點才能明白因果關係。情緒不成熟之人卻只管情緒來的那個當下，而無視光陰所扮演的角色。他們眼中的現實沒有時間軸，每件事情都單獨存在，彼此並不相關，以致他們很難預測未來或是從錯誤中記取教訓。漠視時間性讓他們常有驚人的言行，因爲他們毫不在意前言是否對得上後語，行事是否跟過去一致。舉例而言，他們可能毫不自覺自己最近的作爲令人敬而遠之；他們只覺得自己已打算再度交好，一切爲何不能像從前那樣？

他們不懂得探究自己的過錯，只會想著：舊事已過，全都成新。他們以「向前走吧」、「忘了它吧」這類豁達態度著稱，不會從過往汲取教訓，不會由點成線來窺見自己的人生軌跡，於是他們不曾發現自己正在重蹈覆轍，更無法驅使自己邁向不同的未來。

他們並沒有把未來放在心上，因此能隨口騙人，過河拆橋，任意樹敵。滿足當下最重要，未來隨它去吧。結果可想而知，下場往往淒慘。

在沒什麼時間感的狀況之下，撒謊似乎常能解決問題。他們好像永遠不懂，過去的言行會有反撲之時。他們捏造藉口設法脫身，卻沒想到他人會因其過去的謊言起疑心。

想讓情緒不成熟之人爲過往的行爲負責，簡直令人抓狂。他們的記憶難以和此刻產生有意義的連結，不明白你爲何要那麼在意過去的事。過去的已經過去了，你怎麼不跟他們一樣往前看呢？他們就是不懂因果，尤其事涉他人的感受時。

他們的思考方式

瓦倫特在上述那個研究中提到，一個人調適的成熟度，與教育程度或社會地位無關。成熟的情緒遠比智力或所謂成功重要得多。情緒不成熟之人常有某些特殊想法，尤其是在人際關係及情感方面。

聰明有餘，但感受力不足

情緒的成熟不見得會影響人的原始智力。只要情感不受波及，情緒不成熟之人可以相當聰明，有些甚至極端聰明，精通理論，連抽象觀念或商業模式都難不倒他。只要問題屬於安全的認知或數據範圍，他們便可以了解過去和未來的關係，像是預算、試算表分析、退休計畫等。然而若涉及到情感，他們就不再關心因果，像是人際關係或是誘惑，抑或微妙的同理心、體貼或分寸拿捏。

對人生的看法過於簡單、淺薄、僵化

情緒不成熟之人的不成熟性格，導致其過度簡化、非黑即白的思維，以及食古不化的二

分道德觀。細微模糊的複雜情況都被他們簡略了，關鍵元素也被丟到一旁。情緒不成熟之人的想法偏向表面，只靠幾個自己最喜歡的觀念，以及老是掛在嘴上的譬喻。他們不喜歡現實波動的不確定性，於是可以不講理地捍衛自己所熟悉的事。討厭複雜的他們，完全可以無視於事實，直接做成合乎他們預期的結論。

有時人們誤將情緒不成熟之人的過度簡化視爲大智。包括父母在內的情緒不成熟之人很會講些動聽、果決之言，加上他們的自我中心，說出來的話常帶著無比的權威感。然而當你仔細檢視這些話語，會發現其內容迂腐，了無新意。眞正成熟之人的智慧則不同，你越是咀嚼他們所言，會覺得越有收穫。

情緒不成熟之人心理之僵化，使他們固守教條與權威價值。因爲太喜歡掌權，他們甚至自創規矩，冥頑不靈，即便這些僵硬教條根本不敵複雜情勢。

另一方面，情緒不成熟之人出於自我中心，很可能自己打破自己的規矩。所以，我們看到有些情緒不成熟之人不顧約定俗成的道德規範，犯下令人難以置信的大錯。只要明文沒有特定限制之舉，他們就可能會去做。這就是情緒不成熟之人。有些事因爲實在離譜，沒人認爲有必要刻意規範，但這種事他們就是會做。

情緒不成熟之人看到事態越複雜難測，便越會故步自封，蠻不講理。狹隘心態使他們無法接受個別差異或預期之外的可能，但他們偏又以自己的頑固爲傲，還稱自己的死板爲「道德堅毅」、「有骨氣」。

芙麗妲的故事

當芙麗妲跟一個異族男子訂婚時，她的父親簡直氣壞了。他完全不願進一步了解狀況，因爲女兒壞了他的規矩。當他發現沒辦法改變芙麗妲的心意，便聲明要與她斷絕關係。芙麗妲離家後自覺像個遊魂，因爲所有的親人都被禁止與她往來。

執拗不通

如同芙麗妲的父親，情緒不成熟之人一旦覺得受傷、難堪或權威不受尊重，就會陷入憤怒之中，不可自拔。他們認為世上只有好人和壞人，一旦認定自己遭人辜負，便緊咬對方不放。他們沒有心智彈性或情緒意願從另一個角度看事情。

以膚淺的邏輯淡化問題

情緒不成熟之人無法同理他人，常常不妥當地用邏輯來淡化他人的問題。他們自己碰到麻煩會表現得極度焦慮，對你的問題卻是輕輕帶過，忽視更深層的情緒部分。他們總是說些陳腔濫調，完全沒考慮你所面臨的個別狀況。在他們看來，你只要遵守他們那簡單且過於理性的勸告，一切就會沒事了。當你需要有人同理你時，他們純講邏輯的反應實在令人傷感。

當孩子前來尋求安慰，情緒不成熟父母常以不合適的道理，教孩子如何不讓事情發生。他們喜歡建議孩子，應當對那些傷害他們的人說些什麼（「這個嘛，那時你應該跟他們說……！」）。他們只會要孩子別喪氣，要克服沮喪，不要再擔心了。這當然不可能。孩子真正需要的是一個肯聆聽、能同理的父母，協助他們爬梳沮喪，直到問題獲得解決。

孩子犯錯時，情緒不成熟父母也會不妥地表現出，孩子一開始就該避免犯下這種錯誤。他們推崇的道理不切實際，認為人只要想得夠遠，就能永不犯錯。這些孩子於是學到：自己不僅不該為犯錯難過，而且自己還很差勁。

現在你已經清楚情緒不成熟父母的性格特徵和行爲，接著我們來看看他們是如何藉著讓你難過來控制你。他們透過你的情緒牽制你，使你自覺必須支撐他們的安全感、情緒穩定與自尊。以下是他們經由情感脅迫來掌控你的方式。

他們透過情感脅迫和情緒接管來掌控你

情緒不成熟父母利用激起你的恐懼、內疚、羞恥、自我懷疑來控制你，這就是「情感脅迫」。我知道大家總說沒人能逼你怎麼去感覺，但實際上對多數人來說並非如此。情緒不成熟父母就很擅長讓你升起某些情緒，藉以得利。小孩的情緒絕對會受到他們仰賴的大人所操控，作爲大人的我們也是——只要人與人之間有著權勢不均，就會有此情況。我們能做的，不是假裝不受影響，而是要能及早發現，迅速脫身，讓自己不受宰制。

最終，當你學會識破並拒絕情緒接管，你的情緒就不再那麼容易被人撩撥。與此同時，我們也會學習在受到情感脅迫的當下，如何脫身。

接下來，我們要看看情緒不成熟父母如何挑起你的糟糕情緒，讓你自願投降，聽命行事。

自我懷疑腐蝕你的自主性與自我價值

你若表現出他們不喜歡的想法或感受，情緒不成熟父母就會抽離情感上的聯繫，藉此懲罰你。這種由疏遠所帶來的恐懼，會讓你懷疑自己，無法肯定自己的想法與感覺。

一旦懷疑起自己，你便開始從他人身上尋求指引，相信別人的觀點會比自己正確。你滿心只求能被接受，自己的想法和感受已不再重要。猶豫侵蝕了信心，你不再敏銳於自己的直覺。你學到自我懷疑能被父母接受，自主性則會導致緊張。若想被情緒不成熟父母疼愛和接納，那麼最好別太相信自己。

但是當你懷疑內心深處的直覺，你的心靈就不再清晰可辨。自我懷疑和害怕遭拒就如同汙染之水，會蒙蔽你的思維。面臨父母的情感脅迫，想要清晰思考，變得越來越難。

我們往往不敵情感脅迫，因爲要正視自己痛恨父母這樣對待我們，實在太痛苦了。那股恨意其實是個信號，顯示我們正遭到控制。誰都不喜歡讓自己陷於內疚之中，或是被別人的情緒綁架。情緒上不可避免的反應，可能會讓你擔心自己不夠好、不夠有愛心；但隨著你懷疑自己的良善與自我價值，就更落入他們的掌控之中了。

使出恐懼策略，讓你更易受他們操控

在情緒不成熟父母的各種情緒接管手法中，恐懼大概是最簡單直接的一招，輕易就可將你推到任憑他們操控的心理狀態。讓你害怕、深感不安，情緒不成熟之人絕對是做這種事的箇中好手。無論是強烈的爆發或是情緒的潰堤，他們就是知道怎麼嚇你去做他們希望的事。一旦你感到害怕，自然就更願意以他們爲優先。

肢體虐待是最駭人的恐懼策略。身體上的恐懼深不可測，必須很有覺知地努力才能消除其影響。但情感疏離、拋棄、甚至自殺所帶來的威脅，也具有同等的殺傷力。

迫使你自動壓抑自己的感受

起初你可能只是害怕父母的反應，但很快地你可能就開始害怕自己的感覺。你開始把本能的反應當作問題，心想只要竭力避免，就不至於跟父母產生衝突。可悲的是，只要你升起某些情緒，而你知道那是父母不喜歡的，你便會感到焦慮。一旦你將某些情緒標示成危險等級，只要它們浮起，你就會立即壓抑下來，以免讓父母有機會回應。這種自我壓抑顯示你已掉入他們的情緒掌控當中，你不再需要外在威脅來關閉你的情緒。你已經曉得會發生什麼事，於是乾脆不去碰觸。

利用罪惡感來綁架你

內疚應該是一種暫時的修正信號，而不是慢性狀況。它的健康功能是促成道歉，以維持彼此間的良好關係。它促使你去道歉，而非恨你自己。成熟的內疚會讓我們學到教訓，作出補救，並避免再犯。

而情緒不成熟父母卻利用了內疚的脅迫潛力。他們讓孩子自覺差勁，覺得非做到完美不可，導致這些孩子沒能學會如何原諒自己的錯誤，沒能學會可藉著擔起責任、做出彌補來卸除內疚。情緒不成熟父母鼓動你的內疚感，因爲如此一來，你才會更關心他們，更對他們言聽計從。

情緒不成熟父母很會讓子女覺得自己爲他們犧牲得還不夠，因此若自己過得比父母好，便會產生「倖存者罪惡感」。

自覺不夠犧牲。情緒不成熟父母的要求常超出你的能力範圍，然而只要你膽敢說辦不到，他們便立刻表現出你根本不是眞心愛他們，這讓你覺得好像得爲他們犧牲才是爲人子女的正確之道。

吉娜的故事

某天吉娜的年邁雙親告訴她，他們打算搬到她家附近，以便她可以照顧他們的老年生活。吉娜驚恐不已。她跟爸媽向來就不親，而且兩老也很難討好。身爲老大，吉娜一直扮演家中每個人的代理母親。最近她才經歷乳癌手術，單親帶兩個十幾歲的兒子也已讓她焦頭爛額，她根本無法想像再加上照顧爸媽會是何種景象。她只覺得，挑起照顧那一向以自我爲重的兩老之責，會是危及自己健康的最後一根稻草。而儘管她很想這麼告訴父母，卻又自責到說不出口。

她問我：「我不是有照顧他們的義務嗎？」

我的答覆是斬釘截鐵的「不」。只因父母想要她負責，不意味她就必須忽略自己的處境，一味地配合他們；只因父母希望她扮演照護者的角色，不代表她就有責任危害自己的身心健康。吉娜的爸媽財務狀況良好，另有兩個孩子住得離他們不遠，鄰近更有許多能夠幫忙的朋友。從實際狀況來看，吉娜絕對可以毫無罪惡感地婉拒父母的要求，只不過她仍覺得非常煩惱。

吉娜的父母完全沒考慮到自己的要求會對女兒造成何等困擾。他們沒問過她的想法，只是告知他們準備搬來。吉娜的擔心是有道理的，因爲如果自己膽敢說「不」，爸媽確實可能責備她不愛他們。然而這個結論卻是錯的。畫出界線，並不表示你不愛對方，那只意味你也在捍衛你自己的權利。

所幸吉娜覺知到，自己不準備犧牲健康來屈從父母的一時興起，並不表示自己很差勁。最終她向爸媽說了「不」。經過一番情感受傷然後氣惱的冷戰，爸媽決定搬去另一個女兒附近。

倖存者罪惡感。有時，成年子女只因自己過得順遂許多，便對父母懷抱內疚。面對情緒不成熟父母狀況不好，倖存者罪惡感——爲自己比他人幸運而感到歉疚——可能油然而生。於公於私，情緒不成熟父母常碰上各種問題，也許是陷入憂鬱、精神有狀況、或是藥物成癮，以致整個狀態很糟。而你若爲自己建立了一個比他們更快樂的人生，便有可能因此感到歉疚。

讓你心生羞恥而甘願乖乖就範

罪惡感是一種不難訴諸語言的確實感受。你可以說出你爲何覺得內疚，陳述理由並描繪感受。由於這種感覺是如此熟悉、容易表達，以致有時我們會誤把羞恥當成內疚。

羞恥源於遭人拒絕之感。那種感覺遠遠強過難堪，你自覺爲人受到質疑。羞恥感是如此原始而強烈，它不僅指出你做錯事情，更意指你做人有問題。羞恥感太令人難以承受，你可能因此去滿足情緒不成熟父母的任何要求。這種不受疼愛、不被接納之感，可能導致傑里．杜文斯基（Jerry Duvinsky）所稱的「徹底不堪之自我認同」（core shame identity）：一種即便有再多優點，仍揮之不去、根深柢固的一無是處感。

羞恥感會讓你對自己的想法和感受失去信心。情緒不成熟父母可能用這些話令你感到羞恥：「你瘋了嗎？糊塗了嗎？」「你好大的膽子！」「想都別想！」「你不該那樣想！」或是：「我這輩子從沒聽過這種事！」孩子從這些反應得出結論：自己一定有很大的問題。經由羞辱，情緒不成熟父母使孩子長大後也容易屈從別人情緒上的操控。

當情緒不成熟父母說你自私，大概最讓你感到羞恥。對一個敏感的人來說，沒什麼比這樣的指控更傷人。情緒不成熟父母只要給敏感的孩子貼上「自私」標籤，馬上就能讓他們乖乖就範。但是包括父母在內的情緒不成熟之人口中的自私，只不過表示你停下來思索自己的需求，而非立即聽從他們的指令行事。

你覺得向人求助很可恥

孩子的仰賴，常讓以自我爲中心的情緒不成熟父母感到厭煩。他們顧自己都來不及了，因此很容易不耐煩，對於孩子的需求，他們的反應就彷彿孩子做了什麼錯事。面對父母這樣的反應，孩子因而覺得自己有所求很不應該，那是在給父母找麻煩。若你的小時候曾被這般對待，如今你可能仍覺得自己有困難或需要幫助是件可恥的事。

在你需要安慰時，父母總是視而不見

派翠西亞．德朗（Patricia DeYoung）指出，在我們最脆弱之時卻遭人拒絕，那樣的傷害是何等巨大。對方對你懇求的安慰或連結不理不睬，造成令人難以忍受的羞恥感。當孩子想親近父母的努力失敗了，孩子會感到絕望，覺得自己在世上孤獨又寂寞。德朗解釋，當孩子自覺一無是處，其脆弱的人格結構會感到天崩地裂，有如瀕死經驗一般。這就不難理解，當孩子得不到回應時，爲何會覺得如世界末日來臨一般。

在我接觸過的家有情緒不成熟父母的成年個案中，許多人都記得，當父母在他們最需要時冷落他們，心中那種深沉、毀滅性的羞恥感。他們形容這種可怕的感覺就像「墜入黑暗深淵」、「在黑洞裡打轉」、「被流放到外太空」、「落到無底深淵」、「眞的快要死掉了」。這種失去存在之感，就是當你向人求助而對方漠然不理會時，你在精神上的崩潰瓦解。這種經歷實在太過痛苦，讓人經常選擇抹除這些記憶並盡力想要忘卻。

這種無力的焦慮迫使孩子去做某件事、甚至是任何事，只求自己能被父母看到並得到他們的回應。小孩經常因看似不起眼的小事而崩潰，就是這個道理。當他們的主觀經驗沒有被父母肯定或理解，內在的凝聚力便會四分五裂，感覺猶如墜入虛空。沒有父母的關心和支持，他們無法振作。

羞恥只是一種情緒

對羞恥感的恐懼，童年後仍會糾纏我們，久久揮之不去，因爲沒人教過我們，羞恥只是一種情緒。我們並未理解到是自己遭受錯待，反而以爲那種羞恥感是反映出我們自身不好的事實（Duvinsky, 2017）。如同一位個案在探索自我時所言：「我相信自己毫無價值可言，因爲我就是這樣覺得。」那樣的羞恥感是如此強大，強大到有如事實。若父母能帶領孩子領略這點，將羞恥標誌爲一種感受，小孩便不至於落入自我譴責的境地。但情緒不成熟父母本身即有太多潛藏的羞恥感，他們根本無力協助孩子理解這點。

練習 2

拯救羞恥卑微的自我

羞恥與毫無價值的感覺，源自於害怕自己一無是處，怕自己會因此被拋棄的恐懼。要擊退羞恥感，杜文斯基建議：「將你的恐懼寫下來，並任其如實展現，這樣即可鬆開它們對你的箝制。」

我自己的方式是，請深感焦慮的個案把他們能想到最難堪的事情寫下來。一旦看清自己最怕碰上什麼樣的羞辱，就再加把勁兒，自問：「然後呢？」直到你知道自己已來到這股羞恥的最頂點。靜坐一會兒，你會發現並沒有任何壞事發生，因為那只不過是自己的一種感受。

接著拼湊出這股羞恥感背後是什麼可怕的故事。伴隨這股羞恥的自我形象為何？先別俯首相信這是世界末日。想想看你受到什麼左右而自覺這麼糟，你能否為自己感到疼惜？此時，想像你拯救那深感羞恥的自我，給予其亟需的安慰與接納，讓它重燃信心。

當你明白你的自我貶抑來自早年情感上遭到拒斥，你眼中的自己將不再一樣。你將能理解到，你覺得不被愛，或許是因爲父母無法給予你情感上的親密，而非你天生有什麼毛病。你渴求情感上的連結本就再自然不過，那並不令人反感也非不可愛，對情緒成熟的父母而言是很正常且是他們樂於承受的。

此外，人們常會利用微妙的羞恥心來取得社交優勢。這類社交行爲也許極其幽微，像是對你的提議不予置評、漠視你的疑慮、或是暗示你眞是個麻煩。這樣不著痕跡的羞辱，表面看來並不特別貶抑或粗魯，因此往往不易指出。事後你耿耿於懷頗久，卻難以說明究竟。而當你看清原來那是高明的羞辱之後，當下便會好過許多。你對此了然於心，不再自覺卑微而強迫自己去滿足情緒不成熟之人的自尊。

練習3

揭開你遭受的情感脅迫經歷

打開筆記本，寫下你曾被情緒不成熟父母或他人情感脅迫之時。你還記得什麼時候，他們曾以恐懼、內疚、羞恥和自我懷疑的手段，讓你做出他們希望之事？哪招最有效？你最怕什麼樣的情感脅迫？當別人為了他們自己而讓你難過痛苦時，你的身體有哪些感受？回顧之後，寫下你在未來能怎麼辨識情感脅迫，讓自己不再受到操控。

重點摘要

你在這一章評估了自己有情緒不成熟父母的可能性，並學到這種父母的各種類型，也大致了解了他們的基本性格。你也學到他們自我的人生取向、他們的拒絕現實，以及他們對時間的獨特觀。你看到他們如何利用你的自我懷疑、恐懼、內疚及羞恥，對你施以情感脅迫，以抬高他們的自尊、情緒穩定和安全感。這種種的情緒接管強化了他們的主宰性，也相對貶抑了你的自信心——但這只在你沒看清楚真相之時。

3

靠近情緒不成熟父母：為何你走不進他們的內心

如果你有情緒不成熟父母，你或許仍企求能與他們親近，仍持續盼望他們對你的生活感興趣。尤其你可能仍希冀有一天，父母會以一種重視你的方式來愛你。也許你夢想能找到方式親近他們，只要你能發現對的管道和對的技巧。你可能祈求，作為成人，你能找出辦法，讓彼此終於在情感上能夠靠近對方。

很遺憾地，情緒不成熟父母本質上的防衛與恐懼，使他們幾乎難以忍受長久的親近。在本章，我們將探討何以你那麼希望能靠近情緒不成熟父母，但往往只換來失望與落寞。

你渴求從情緒不成熟父母身上得到什麼

作為情緒不成熟父母的成年子女，孩提時你大概沒能得到足夠的情感連結、親密溝通、以及來自父母的讚許等讓你感覺受到父母疼愛的所有事情。而他們對你感到不被愛卻嗤之以鼻。你若直陳他們不愛你，他們恐怕會跟你一樣困惑。他們當然愛你，你是他們的孩子呀。他們不了解的是，他們必須用某些方式對待你，你才可能感受到他們的愛。

想從情緒不成熟父母那裡感受到愛，就好像透過一張照片體會一座山。你能看見山的形狀和顏色，卻無以體會空氣的凜冽、樹葉沙沙作響、或瀰漫周遭那純粹壯麗的穹蒼感。就像照片，父母在你眼前，但他們的情感卻不存在。明明面對面，你卻像是透過玻璃與他們交流。那感受無以名之，但你知道你無法直接跟他們產生連結。

現在讓我們進一步探索，長久以來，你一直渴求卻沒能從情緒不成熟父母身上得到的是什麼。

希冀獲得他們的愛與了解

我們都曉得孩子需要關懷與充滿愛的連結，但父母究竟如何做到這點？僅僅注視和聆聽是不夠的。父母必須有積極的心理投入。看著孩子、重複孩子說的每句話並不難，但如果父母無法善解人意地想像孩子的內心，孩子就感受不到連結。父母說什麼不是重點，重點在於他們如何表現出對子女獨特的主體經驗感興趣。當父母的內在自我與孩子的內在心領神會，孩子便能感受到自己被看見、被理解和被疼愛。

觀察小孩與父母相處，你會看見孩子如何尋求與父母眼神交會和深刻互動。這不僅在博取注意，更是讓孩子從中獲得「情感充電」。得到父母情感上的支持與關懷，孩子才能長得更強壯、更有安全感，以至更加獨立。無怪乎父母的愛是如此重要。

成年的你仍渴望與情緒不成熟父母親近，部分原因即在於你的內在小孩仍期待能被看見，並得到回應。遺憾的是，這股盼望，得到的回應往往只有父母的抗拒。情緒不成熟父母對深層情感有著近乎神經質的逃避，也就是這樣的「情感恐懼」，使他們自這類親密中抽離。

渴望良好的溝通

身爲成年人，你可能已經學到不錯的溝通技巧，明白那對優質關係有多麼重要。也許你學到要及時說出心聲，直接跟對方一起解決問題。你或許曾試著把這些技巧用在父母身上，然後發現，有效的溝通固然有助強化親子關係，但那必須在對方也有心努力之下才會有效。

情緒不成熟父母害怕做情感上的溝通，因爲他們不習慣面對別人的感受，也不知道該說些什麼。面對沮喪的孩子，他們表現的不是同理傾聽或誠心撫慰，而往往是用糖果、遊戲來嘗試讓他們恢復。等孩子長大成人，情感上的交流對他們依然不是容易的事。

或許你只是想跟父母眞誠以對，談談如何改善彼此的關係。你可能認爲自己眞心試著靠近他們，他們卻可能覺得自己被拋進某個深潭之底，游不出去。

我們且從情緒不成熟父母的角度，來看你這番企圖溝通的渴求。也許當他們還小的時候，只要有人想跟他們談談，就表示他們有大麻煩了。因此你跟他們說你想溝通，或許會讓他們擔心自己將因某事被罵，防禦心便油然而起。所以要展開深層對話，最好先從每次一點點時間開始，例如要求個五到十分鐘，每次只談幾個特定問題，或與他們分享一、兩種感覺。如果起步時能保持簡短明確，之後他們可能就願意回應更多開放式的問題。

練習 4

回憶你跟父母深層對話的情況

回想某次你想跟父母進行深層對話的情況。他們如何反應？你開啓對話之後，感覺如何？把這些回憶寫下來。如果父母的反應令你失望，就你到目前為止所讀到的，你覺得問題會不會出在他們無法進行深層對話？寫下你的結論。

期盼得到他們的讚賞和認可

許多情緒不成熟父母的成年子女，很希望自己的成就是取得父母關注的神奇之鑰。儘管這些成年子女已經打造了成功人生，卻依然渴望能獲得父母的認可。

我們當中有些人可能想藉著追求完美與成功，贏得對我們意義非凡的父母的認可和稱許。為此，我們也許會選擇令爸媽驕傲的職業，或是與他們眼中門當戶對的對象結婚。但是要得到滿心只有自己的情緒不成熟父母讚許，太困難了，因為他們對孩子的成就實在沒什麼興趣，除非那讓他們得到自我吹噓的權利。

我的很多個案都說，當他們知道爸媽在朋友面前抬出自己來吹噓時，無不深感訝異，因為爸媽從沒對他們表達過以他們為傲。這似乎很令人困惑，但是當你了解對情緒不成熟父母來說，向他人吹噓，既能與你保持情感距離，也能以你的成就當作社交資源，這樣的情形也就不難理解了。比起直視著你說他們有多麼驕傲，這樣做感覺安全得多。情緒不成熟父母覺得直接、親密的讚美令人難以忍受。

情緒不成熟父母如何阻斷親子間的連結

情緒不成熟父母有哪些行為舉止令孩子覺得難以親近，下列是常見的五種。

1. 對孩子的一切不感興趣

情緒不成熟父母總顯得不關心孩子的生活。低同理心加上一心只想著自己的問題，因此除非對他們有切身影響，否則他們很少對其他事情流露出興趣。這些父母談起自己關心的議題時顯得興致高昂，然而當孩子與他們分享生活大小事時，他們卻表現得漫不經心，隨時想要離題。

布蘭達的故事

布蘭達的父親班，是位沉默寡言的新英格蘭人。布蘭達的母親情緒反覆無常，嚴格又挑剔。布蘭達十五歲時，母親過世，此後便由父親一手養大。班雖話不多，但有時在布蘭達被母親一頓好罵之後，偶爾仍會出言安撫。即便大多時候父親對她的事情全不在意，布蘭達還是覺得父親是關心她的。

布蘭達長大後成爲頗受推崇的醫療研究員。當她接到一個享有盛名的國際會議單位的演講邀請，她心想，父親終於會因爲她的成就而對她另眼相看了。

然而班卻無動於衷。他的冷淡讓布蘭達心碎。無論布蘭達如何努力想博取他的認可，他似乎總是視若無睹。即便有一回他出席女兒的頒獎典禮，他對女兒工作粗魯而輕蔑的評語，卻使布蘭達無地自容。他總是一轉眼便回到自我中心，從未認知到這不是他大發議論的適當時機。

班的興趣十分狹隘，多半集中在政治理念和經濟情勢。布蘭達的成就再高，都比不上他所關切的議題。每回打電話回家之後，那股好像在求爸爸以她爲傲的恥辱總是縈繞不去。

2. 忙到忽略孩子而不自知

有些情緒不成熟父母跟孩子保持距離的方式是，讓自己忙到無法停下來交流。在這種情況下長大的孩子曉得爸媽的興趣在別的地方，自己總是次要的。這些馬不停蹄的父母熱心於活動，或拚命追求成就，以致與孩子的關係十分疏離。他們從沒看到自己對孩子的忽視與距離。一直以來，自己難道不是傾其所有地對待孩子嗎？

太忙的父母從不知道自己少給了家人多少時間。他們可能是工作狂，沉迷於各式活動，追求更高的學位，社交活動滿檔，熱衷當志工。這種父母似乎無法理解，自己投入這些有意義的活動怎麼會對任何人造成傷害。若是他們真看到問題，他們便會說，這些事情這麼有意義，大家多少都得犧牲一點。

凱蒂的故事

凱蒂的母親貝拉手中永遠有事在忙，像是整理家務、準備晚餐、回人電話。每次回家，凱蒂都看得出來媽媽只想繼續忙自己的，總是說晚點就能跟她坐下來聊聊，而那樣的時刻永遠沒來。就算兩人真能坐下來談天，媽媽要不直盯著電視，要不就玩著填字遊戲。如果凱蒂抗議，媽媽就說：「我有在聽呀！」不管怎樣就是不肯收手。爸爸也是，一逮到機會馬上溜到車庫。父母的忙碌，扼殺了親子間培養深刻情感連結的機會。而他們對親密感的逃避，總是藏在那些「總得做完」的事情後面。

誰都可能被太多事情絆住，像是工作、照護之責等。但父母如果夠敏銳，在聽到孩子抱怨自己總沒時間給他們時，便會把這件事放在心上。成熟一點的父母會同理孩子，而若他們辦得到的話，更會試著在忙碌中擠出更多時間陪伴孩子。

當然，即便父母的情緒很成熟，有時迫於經濟，實在難以分身。這對整個家都是艱困時期。但如果父母能夠傾聽孩子的心聲，向他們解釋家中的財務狀況，孩子起碼就能明白，自己的孤單並不是因爲爸媽對其他事情更感興趣，而是爲了重要原因。

3. 嫉妒孩子的成就

有些情緒不成熟父母眞的會嫉妒孩子的成就。對於子女的能力表現，這類羨慕不已的父母不僅不喜悅，反倒可能貶抑孩子。他們不夠成熟，無法眞心爲他人的好運喝采。以他們充滿競爭意識的人生態度，成功的下一代只會威脅到他們的主角地位。

嫉妒的父母看到孩子獲得注意，就覺得自己遭到冷落，認爲孩子偷走了原屬於他們的光環。羨慕出於渴望——他們想要你所擁有的——嫉妒則來自於關係。這類父母希望自己是眾所矚目的焦點，所以當孩子被刮目相看，便會令他們心生不快。

珊達的故事

珊達的母親艾雅娜總愛在朋友間當女王，因此她受不了旁人太關注珊達。即便珊達已經成人，媽媽在人前仍視她爲小孩。有一次家族聚會，某位叔叔上前來跟母女閒聊。珊達的職業是觀護人，叔叔便提起不久前附近一樁惡名昭彰的青少年犯罪事件，想聽聽珊達有何見解。珊達還來不及開口，媽媽已經以不可置信的口吻插嘴：「珊達？珊達對這能懂什麼呀？」其實珊達懂得可多了，但艾雅娜就是無法忍受女兒成爲矚目的焦點。

喬治的故事

喬治的父親很不成熟，老喜歡當社交中心。喬治還小的時候，每次邀朋友來家裡，爸爸就拿他大開玩笑，扯他後腿。明知喬治會難過，卻總把其他男生拉到他那邊，破壞這群孩子跟喬治的情誼。

面對又妒又羨的父母，小孩知道最好隱藏自己的才華，避免受人矚目，以免激起父母的競爭意識，對自己發動攻擊。也因此，這樣的孩子長大以後，擁有傑出成就便成了讓他們矛盾的事。

4. 極端偏執，暴躁易怒

有些情緒不成熟父母跟誰都無法維持良好關係，因爲他們總是處於各式各樣的危機中，陷在太多沒處理的情緒裡。他們無法安定下來或是放下事情，總是因一點小事而大發雷霆。他們對於批評敏感到病態的程度，但情況往往是言者無意。他們也從不相信有人眞的關心自己。他們有時極端偏執，認定別人總在算計自己。一點差錯就暴跳如雷，以致安撫他們成爲旁人全天候的工作。一個深陷焦慮、揣想之人，根本無暇打造任何平靜、充滿著愛的人際關係。

5. 前後不一，自我矛盾

情緒不成熟父母的性格很不統一，以致他們的情緒破碎而片段，行爲矛盾不一。跟他們很難建立親密的成人關係，因爲他們像小孩似地只會反彈，缺乏穩定統一的人格。就像我們在第一章所讀到的，他們似乎沒有發展出統合的自我意識，內心缺乏穩定性與安全感。

每個人的性格都有許多部分，宛若藏在整體性格裡的獨立次人格。當我們說「我不曉得自己著了什麼魔」、「你今天好像變了個人」、或「我一半想，另一半不想」時，就可明白這種內在多重性。心理治療師或稱之爲內在小孩，或稱爲內在角色和聲音、內在家庭系統。性格有不同面向不是病，例如所謂的多重人格異常；有不同面向是很正常的人性。

情緒健康的人，各個次人格會以一種自覺、調和的方式運作，好比合作無間的委員會。而情緒不成熟父母各部分的性格彼此獨立，相互矛盾。因欠缺整合，其自我防禦的部分就可能毫無預兆地跳出來接管一切。這些對立和矛盾的性格莫名啓動，說明了他們何以常如此驚人地前後不一。

情緒不成熟之人維護自己情緒的方式，就是用最警覺、最防衛的性格待人。偶爾他們會卸下防衛（譬如戀愛時），但騷動、不信任很快又會回來，因爲防衛性格不允許太久的眞正親密。一旦靠得太近，他們的防衛性格馬上就會找到理由生出懷疑，指控對方，發起戰事。情緒不成熟之人偶爾會溫柔以對，但卻無法與人長久親近，就是這個道理。

你可以選擇不重蹈父母的覆轍

當你讀完上面這一小節，可能不禁懷疑起自己是否有時也是情緒不成熟的爸媽。有這樣的懷疑不難理解。有時我們難免會覺得對孩子不感興趣、忙不過來、羨慕又嫉妒、焦躁易怒、缺乏一致性；差別在於，若是情緒整合且健全的人，這些將只是短暫的過渡，並無礙於其與人互動的能力。

如果你在讀此書，你可能強烈意識到自己曾飽受與父母疏離之苦。你可能了解到，情感上的剝奪或虐待，會帶來怎樣的空虛感或低自尊。這樣的自覺也許讓你開始思索自己對孩子的影響，而你絕不願讓孩子再經歷同樣的痛苦。

你有這樣的擔心，表示你不太會有情緒不成熟的問題。有此擔心，意味你能自我反省，同理他人，期盼在心靈上有所成長，而這些都是情緒不成熟之人罕見的特質。我們不免都犯過錯、傷過人，但只要關心他人的內心且能知其感受，只要仔細呵護人際關係且能承擔責任，你絕對已經擁有成熟的情緒了。

爸媽的情緒不夠成熟，不代表你也會是情緒不成熟的父母。實際上，這個流傳在家族裡的痛苦，可能將因你而終止。你只需留心孩子的感受，帶著同理心傾聽，讓孩子體會到他們在你心裡的重要性。身爲父母，如果你犯了錯，就向孩子道歉，用心對待他們，拋除嘲諷並尊重他們。當孩子知道你與他們同在，會尊重、同理、公平地對待他們，他們就不會重蹈你曾經歷的那種孤寂。

父母這麼傷人，爲何你就是無法放棄他們

既然跟情緒不成熟父母的關係這麼傷人、令人落寞，成年子女爲何仍執意繼續嘗試與父母建立連結？即使父母不斷對他們造成傷害或頤指氣使，成年子女爲何仍盼望父母能變得貼心尊重？答案是，父母偶爾會給你保持希望的理由，而要調整期待卻需費時甚久。我們且來看看，成年子女想繼續努力的原因何在。

父母有時會給你一點期待

子女會放棄希望的前提是，父母始終與他們保持距離，拒人千里，他們的心就像一扇緊閉的門，子女明白永無進去的希望。而那偶爾流露情感的父母，則使你有多一點的期待。運

氣好時，他們會卸下防衛，與你連結的程度足夠讓你開心。這種吉光片羽的美好經驗，使任何年齡的子女皆心存希望，期盼有一天終能與父母建立能滋養雙方的緊密關係。

舉例而言，也許你曾與爸媽享受過特別的時光，沉浸在輕鬆交心的美好狀態。在此不設防的時刻，情緒不成熟父母可能沒那麼嚴格，能表現出溫柔親切，一切顯得那樣值得。當他們心情好時，說不定還頗風趣幽默，會主動說要開車帶你出去，讓你參與他們的娛樂。在這些時候，父母也許頗享受跟你一起重溫當孩子的感受。只要你喜歡他們所做的，一切都會很棒。

然而當情緒不成熟父母必須思及孩子的感受或考慮孩子的福祉時，一切的樂趣恐將戛然而止。情況很明顯：你配合他們喜歡的，好時光才能繼續。他們擅長用這些話誘使你配合：「這眞好玩，不是嗎？」或是：「你不想那麼做的，對吧？」這麼一問，他們想聽的答案就出來了。若孩子想要的跟自己不同，情緒不成熟父母可以瞬間就翻臉。

情緒不成熟父母偶爾可能很慷慨，其中卻藏有玄機。他們往往以自己所好爲先，所以能給孩子的也就是這些。送孩子禮物，根據的是父母自己的心意，他們從沒有想過孩子的喜好，宛如下意識在送東西給他們自己。再不然，他們會挑些很普通的小孩禮物，完全沒將孩子獨特的興趣考慮進去。當然了，有時他們也能剛好命中，在這樣的時刻，你盼望被愛與被了解的心思意念便會重現生機。

有些情況會讓情緒不成熟父母卸下防衛並流露眞情，像是當他們身處極端不利或甚至瀕臨死亡的狀態。在這些特別的時刻，有些情緒不成熟父母會反省自己的作爲，並表達悔恨之意。這些驚鴻一瞥的緊密是如此珍貴，但若孩子企圖再近一步，父母可能又會關閉心門。很遺憾地，情緒不成熟父母基於自我防衛，實在無法與人維持眞誠的交流。

親近感使你燃起一絲希望

親近和關係是兩回事。親近是經由熟悉感和近距離建立起的歸屬感，會讓人產生家族式和部落式的認同；至於關係，則能滿足與另一個人彼此了解的衝動。另一方面，即使某人對你的主體經驗不表興趣，你仍可能感覺與此人十分親近。

情緒不成熟父母的成年子女，會以爲與父母的這種親近感即意味自己爲父母所愛，實際上卻不然。但當這種親近感很強烈，就會讓人以爲建立充實滿意的關係應該是可能的。很遺憾地，情況不盡然是如此。要清楚區分這兩者，不妨問問自己，你感覺親近的對方，是否能理解你內心的情感狀態及主體經驗？若當中缺乏關心、同理的成分，這段關係恐怕就比較屬於親近型態，而非親密關係之愛。

想從情緒不成熟父母的情緒接管中復原，你可能需要重新教育自己，了解到，親近感不等同親密關係。身爲成人，努力跟自己建立深刻的關係，對你會比較好，同時也應降低與父母之間有親密關係的期待，因爲他們對情緒實在難有任何回應。

錯誤地高估父母改變的能力

我們總認爲「投射」是一種負面的心理防禦機制，像是把自己的錯誤投射於他人，或是莫名擔心別人會找我們算帳。而錯誤地把自己的正面特質投射於他人，也幾乎是同樣嚴重的問題。情緒不成熟父母的成年子女格外容易如此。他們相信他人的心理層面跟自己相似，以致高估了別人的成熟度或潛力。你可以先暫且相信別人，但別期待他們會做出他們完全做不到的事。這種過度樂觀的習慣，源自子女早年總是說服自己，父母是好意的，他們是善良的。

無論是面對情緒不成熟父母或其他的成年人，你一定要有能力鑑別出對方與自己在人格特質上的差異。不要把你的優點和敏銳投射在對方身上而造成混亂。你要能如實看清對方，如此，才能對這段關係做出正確的判斷。

你逃避面對殘忍的真相

情緒不成熟父母的情感失能，可能讓小孩失望到無法正視，以致他們往往抓著與父母連結的幻想，以保護自己幼小的心靈。他們會放大父母好的部分，讓自己相信彼此確有連結，即便實際上父母在情感上傷害了他們，或是跟他們很疏離。我在心理治療現場就碰過這樣的個案，剛開始，他們總是以絢爛熱情的詞彙描繪童年時與父母的關係，在深入探索後才漸漸明白，自己從父母那裡得到的情感回饋是何等貧乏。

幻想與父母的關係充實緊密，比起正視自己只從父母那裡得到那麼丁點同理、且親子間的關係是那麼遙遠，要來得容易許多。就心理治療的個案而言，獲益最大的時刻之一，就是當他們面對自己從未獲得情感這個事實。當下也許令人哀傷而憤怒，但隨即會變得更有意願尋求與其他人的連結。你可從下面的練習開始這個過程，但若升起任何強烈情緒，請考慮向心理治療師或支持小組尋求協助。

練習 5

因為情緒不成熟父母，你失去了什麼

首先拿出筆記本，安靜地回想因為情緒不成熟的父母，你的童年可能曾失去什麼。（做此練習時，邊看著自己小時候的照片，能產生更深刻的意義。）接著，完成以下句子，隨後寫下你對完成句的感想。

- 我失去了成為……的機會
- 我沒有機會去感覺……
- 痛苦很深，但我學會去接受……
- 但願我從來不必去覺得……
- 如果有根魔杖，我希望讓我媽更……
- 如果有根魔杖，我希望讓我爸更……
- 我只希望有人可以……

寫完也思索完之後，讓你的內在小孩知道，你將會給你自己不曾擁有的關愛與接納，並將和更懂得付出關心、能做雙向交流的人來往。

父母是不能還是無意爲你做出改變

情緒不成熟父母的成年子女常常陷於「療癒幻想」當中，暗自期待能改變父母，重新擁有很棒的親子關係。還記得第二章那位年邁雙親想搬來附近的吉娜嗎？她坦承自己還會考慮到他們需求的一個原因，就是她仍幻想有朝一日，那吹毛求疵、脾氣火爆的父親會敞開心扉，讓彼此終能靠近。她怕萬一沒依他們的要求去做，就會捏熄了最後一絲希望。

這類療癒幻想值得接受檢驗，因爲它們只不過拖長了不切實際的期待。與其等待父母改變，靠自己努力更能療癒自己。若眞有什麼能改善你們之間的關係，多半是因爲你自己調整了觀點，而非父母做出改變。

你是那麼地渴求父母的關愛，自然會認爲他們也有這種期待，這其實不難理解。問題是，你想改變他們的任何企圖都不可能成功，因爲這種情況造成的情緒衝擊很容易就讓他們失控。當你想跟情緒不成熟父母交流情感，他們的本能反應就是抽身；你以爲你是在送出愛，他們卻對此感到不自在。他們可能已經形成一種自我保護的個性，根本無意做出改變。

過往他們曾壓抑太多深層的情感需求，情緒不成熟父母現在完全不懂你在煩什麼。他們不懂你爲何覺得充滿愛和關懷的親子關係那麼重要，因爲他們壓根就不明白，這段關係對孩子的安全感和自尊心有著關鍵的影響。許多情緒不成熟父母本身即是低自尊，因此很難想像自己的存在和關心對孩子是那麼重要。只要父母陪伴在孩子身旁就有著莫大意義，然而這對情緒不成熟父母而言簡直有如天方夜譚。

面對父母不可能改變的事實

接受父母的有限性，你的期望會變得比較實際，然而你還是很難放棄夢想，很難承認他們不會改變、不可能成爲你想要的關愛你的父母。那個幻想也許曾幫助你走過不少艱難歲月，讓你期待有一天，他們將會補償你因他們而忍受的孤單寂寞、自我懷疑。但與其癡心妄想，最好還是了解實情，勇敢面對。

哀悼過往之必要

放棄希望無窮的幻想，宛如經歷眞實的喪失。不走過哀悼，你便不可能眞正放棄如此重要之物。

當你爲失去對父母的想像而哀悼，可能也同時悲傷著自己爲了配合他們所做出的犧牲。

讓自己爲這些自我壓抑而悲傷，你將能與過去從沒被聽見的自我重新接軌。我希望你能好好傾聽這些聲音。走過對被壓抑的過往哀悼這條路，你才能完整地做自己，感到自在而充實。

當你不再期盼情緒不成熟父母有改變的一天，你才終於能正視：童年的自己飽受多少傷痛、孤寂和恐懼。爲了順利長大，小時候的你不得不壓下這些情緒傷痕，如今你要對這些代價有所覺察。期待父母終將改變、與你建立深刻的連結，就當時的你來說是健康的；然而如今你已長大成人，放棄這些期待反而比較健康。停止希望爸媽來拯救你，你就能跟自己的情感需求連結，安穩地親近自己、親近你未來的成長、親近等著你的關係。

如今你該挺身捍衛自己

有情緒不成熟的父母，某種程度上你大概早已明白：默默忍受，別惹麻煩，才是最佳的自處之道。這個「受苦本我」爲了配合權威父母，始終是無力且被動的，感受不到憤怒，不知道自己能盼望什麼，長期深陷不快樂與無助感當中。早年這個本我不得不拋開堅持以適應艱困的童年處境，但我們不該一直任由它主導局面。

這個受苦本我讓你相信，自我犧牲可以使你成爲比較好的人，或至少受人疼愛的機會比較高。面對專制的父母，挺身捍衛自己要比被動無助更有效。成年的你，現在儘可去做最能成就自我能量和自我照護的事情。

修正不實的期待，轉而關愛自己

讀完關於療癒幻想的描述，請自問有無可能，你渴求的不是與情緒不成熟父母的親密關係，而是受到疼愛和接納的感受？當你要找很棒的新朋友，你會開心地從父母身上找嗎？如果不，那麼也許你可以從另一個方向爲自己感到驕傲。或許你不需要爸媽愛你，你才能感覺被愛。作爲成年人，你是否能透過更溫暖的自我關係來愛自己？

本書第二部分將探討如何擁有充實的自我關係，方法是：探索自己的內在，設定嶄新的意圖，更新自我概念。你將學到支持你的自我成長，敞開胸懷迎接更美好的關係、更豐富的快樂，同時也強化你獨特的自我認同與主體意識。經由這些練習，自我成長將成爲你全心追求的目標，而不再是取得父母認可的祕密手段。

此外，你可以用新目標來取代跟情緒不成熟父母擁有美好關係的渴望，像是以更實際的角度看待他們、了解他們的侷限、並且調整你自己的期待。只要你懷著不可能實現的夢想一天，親子關係對彼此都是挫敗的。

你無法改變情緒不成熟父母，也不能使他們快樂，而即使你使盡渾身解數，頂多只能稍緩他們的不滿。原因是，儘管他們的情緒不成熟關係運作機制讓你彷彿得爲他們的快樂負責，他們卻又在情緒限制之下，無能接受你極力爲他們做出的貢獻。

一旦你理解自己不能使他們快樂、不能解決他們的問題或讓他們爲你驕傲，你的心將豁然開朗。他們通常無法考慮到你的感受，也無法維持情感的親密交流。他們無法傾聽太久，就算你做任何事也永遠不夠。在他們眼中，你永遠只是那個孩子，永遠不會是個能幹的大人。在這段關係中，他們永遠要自己是那個主宰一切且最重要的角色。他們的利益永遠第一。即便你是個成人典範，他們對你仍百般挑剔和輕視貶抑。

提高你對其他人際關係的期望值

當你在孩提時代學到別人總是比你更重要，你可能會把這種觀念帶到成人關係裡；你也許以爲，期待雙邊互惠是不切實際的，長期的情感挫折才叫正常。有情緒不成熟父母的許多成年子女大多認同「關係得竭盡心力維持」這句話，因爲這正是他們的成長經驗。尚未與伴侶踏上紅毯，就碰上得進行夫妻諮商的問題，對他們而言稀鬆平常。他們下意識覺得，親密關係本就等於無盡的不滿和溝通不良。

對這些子女來說，伴侶本該在乎你的感受、關心你的主體經驗、跟你同樣希望和諧相處，簡直像是天方夜譚。有情緒不成熟的父母，你會認爲對方只把剩餘時間給你是再自然不過了，而且那還是在特定前提之下。一旦你終於明白，對方只是對你偶爾撒點情感碎屑，你們之間從來就沒有充實的連結，你便霎時清醒，能去另尋滋養情感的新泉源了。

如果兒提時你未能從情緒不成熟父母那裡得到足夠的關注，進入成人關係後，你便可能會太過讓步，做太多單方面的付出。你也許不開心，卻覺得事情本該如此。現在你要做的就是質疑這種一面倒的關係，放眼尋找更值得你付出的對方。當你努力減低對情緒不成熟之人的期待，同時也要提高對其他人際關係的期望值，如此才能找到同樣願意付出，以建立同理關係的朋友和伴侶。

練習6

尋求你想要的情感滿足

為了尋覓兒時缺乏的情感滿足，請花點時間思索新的可能，並在筆記本中完成以下陳述：

- 現在，我有機會成為……
- 終於，我有機會覺得……
- 我絕不再接受別人對我有這樣的行為……
- 我要結交的人會是……
- 我期待的人會願意……
- 現在我看我自己是……

總而言之，你無須再透過父母的愛才能成爲你想要的樣子。當你開始相信自己成熟的心智，聆聽眞實的心語，多年來你所需要的一切指引將不假外求，它們就在你心裡。當你珍視自己，探索內在世界，父母對你的漠視將失去其殺傷力。你不再需要他們給你關愛和價值感，現在，你大可從自己和志趣相投的人身上獲得這些。

重點摘要

情緒不成熟父母造成孩子許多未被滿足的需求，包括情感連結、溝通和認同。許多情緒不成熟父母不僅沒給孩子適當的關愛，還顯得對孩子毫不關心、又妒又羨、忙碌不已、情緒擺盪。也許你盼望著有朝一日能改善與父母的關係，但基於防衛心及不一致性，他們就是無法在情感上回應你。不過，當你終於能夠接受他們的有限性，就能開始努力去跟自己和他人建立更好的關係。當你放下無法從他們身上獲得的一切，致上哀悼，就能跟他們、跟別人、以及跟你自己建立比較實際的關係。

4

如何避免情緒被接管：認識他人的扭曲，別跟自己斷了線

當情緒不成熟之人出於自私，誘使你產生某些情緒和想法，藉此來控制你，這就是「情緒接管」。在這一章，你將學到在第一時間覺察到情感脅迫及情緒接管。你的功課是去熟悉他們的心理動機，好讓自己不再受其機制左右。你將看到情緒不成熟之人如何讓他們的需求顯得如此迫切而達成情緒接管的目的，也將學到如何在不失去自己的情況下，順利化解這種陷阱。（我在本章多半使用「情緒不成熟之人」這個名稱，但請記住，那絕對包含所有情緒不成熟的父母在內。）

面對情緒接管的脅迫時，要站穩立場

本章會教你主動化解情緒接管，拒絕情感脅迫，不屈從於情緒不成熟者的指揮。與其讓步，現在你可以自我提醒：既然他們這麼做，那我也可以照辦。堅持這種積極心態，你就不會一味地陷入他們的問題當中而忙得團團轉。

關於這種積極態度，某位女士的說法是，她決定再不屈從於他人的要求。套句她的話說即是：「我不再受他們的堅持和迫切主宰。我不准他們『侵門踏戶』告訴我該怎麼做。」

當你決定自主自決，不再聽命情緒不成熟之人，你就有能力抵抗他們情緒不成熟關係運作機制所造成的潛意識拉力和情緒接管。擁有積極心態，你就能為自己思考，而非本能地乖乖就範。當你能質疑他們的假設，就能積極保衛你的界線與獨立性。你不再同意自己有義務去修補他們的自尊或是穩定他們的情緒。

當你對情緒不成熟關係運作機制會造成什麼感覺有所警覺，就很容易看穿這些人的情緒接管伎倆，也就比較能夠應付。知道他們在動什麼腦筋，他們的脅迫也就失去了威力。你不再是受害者，你將能站穩自己的立場。

首先我們來看，情緒不成熟之人如何讓他們自己的問題變成頭條大事，不管你自己正面臨什麼狀況。

對誇大的情緒需求提出質疑

情緒不成熟之人看世界的角度，是透過某種誇大了每件事的扭曲力場（distortion field），藉此顯示他們的需求天經地義，比什麼事情都重要。你一不小心就會把這種扭曲當作事實，同意其狀況非同小可，確實應該排在第一。

拒絕接受父母的重要性高過一切

當你有情緒不成熟父母，你可能因此相信某些人確實比較重要。以許多家庭爲例，當情緒不成熟父母一進門，當即成爲一切的中心和每個成員關注的焦點。大家會自動上前關心，因爲要是父母的情緒不對勁，那麼誰都別想好好做其他事情。情緒不成熟父母的地位非凡，是這個家庭的神話，所有人都盡其所能不去惹毛他們。

所以當你以爲某人的情緒可以左右所有人的生活，誰能怪你呢？對一個還在學習世界運作之道的小孩而言，情緒不成熟父母的獨尊地位顯而易見。

雖說由情緒不成熟父母宰制的家庭，既不正常也不健康，但小孩卻無從得知，因爲他們還難有機會了解其他家庭的狀況。小孩只能觀察情緒不成熟父母對待家人的態度，然後自忖：「這應該是眞的；爹地眞的是全世界最重要的人物；媽咪的感受顯然比任何人都來得重要；小妹的需求當然是每個人的夢魘。」

但如今你已長大成人，通情達理了，你有權爲自己好好想想。相對於情緒不成熟者的期待，你的人生並不是爲了烘托某人，讓他們以爲自己多麼重要。誰都不能因爲覺得自己很重要，就宣稱自己高於一切。你與情緒不成熟父母是平等的存在，沒有誰比誰重要。你不是他們的所有物，也不是他們的奴僕。

質疑他們對你的掌控

情緒不成熟之人的扭曲力場，使一切成爲嚴重的問題。在他們看來，日常瑣事便足以構成危機，非立刻解決不可。他們一有煩惱，你就得立刻跳出來，有什麼疑問之後再說。有情緒不成熟父母，你大概得隨時繃緊神經，一邊觀察父母當下的危機，一邊準備反應。要立刻從他們身邊閃開嗎？探詢他們肢體語言如此不快的原因？確保大家都別惹到他們？聽他們抱怨？安撫他們？讓他們覺得有被深深關愛？無論你怎麼做，都是因爲害怕他們情緒起伏的餘波。

情緒不成熟父母的危機究竟是眞的或只是老毛病，實在很難分辨。他們眞的受害嗎？眞有人莫名其妙地批評他們，還是他們先挑起事端？一切眞的很難講。透過扭曲力場，他們會說錯不在他們，總是別人跟他們過不去。好在，現在你對情緒接管已有足夠的認識，開始知道要對情緒不成熟之人的呼天喊地持保留態度。

當他們陷在扭曲力場中，總表現得好像只有你能解救他們。而當你不再受這種扭曲的自我至上迷惑，你將了解到他們實在無權掌控你，他們並沒有比你重要。當下要考慮到的是父母和你自己，而不是只有他們。父母不能因爲有所求，就凌駕所有人之上。

別陷入甜言蜜語的謊言中

情緒不成熟之人常藉著諂媚巴結來哄你做事。他們表現得彷彿你是十項全能，只有你才有辦法解決他們的燃眉之急，說他們眞不知道沒有你的話該如何是好。（我猜，若眞沒你的話，他們也會立刻找到一個願意效勞的人。）

情緒不成熟之人端出令人動心的交易：假如你遂其所願，你就是他們的一切。但底下還有一行小字：「事情做完後，效期也就過了。」在這種扭曲的情況下，這一秒鐘你是他們的一切，下一秒鐘就什麼也不是了。因爲他們看待關係非常的自我中心，你要麼很棒，要麼一無是處，沒有中間地帶。

情緒不成熟之人的諂媚令人難以抗拒。我們都希望自己是特別的，而當有人表現出你簡直是上天派來的天使，你怎能不動心？就算中間遭其冷落或輕慢，但當他們再度讓你覺得你是一切，你便輕易地就原諒了他們。只要他們偶爾讓你感覺重要、可愛、特別，你就願意承受許多。詐欺犯、邪教魔頭、獨裁暴君等剝削者，最會操弄這些伎倆，他們知道人心渴望自己受到重視，深諳如何以此鞏固勢力。

你不必任由這般手段操弄。建築在這些誘惑之上的關係完全不可靠。再者，你眞想成爲隨傳隨到的特別人物嗎？你難道不希望對方是眞誠待你，而非僅是在心情好、需要你幫忙之時才大力吹捧你？

你沒有義務承擔別人的問題

現在我們來看看如何後退一步並正確提問，以擺脫情緒不成熟之人那自認比誰都重要的扭曲力場。

評估事態，確保沒有被扭曲或誇大

情緒不成熟之人會誇大一切，像個小小孩似的，碰到一點挫折或侮辱便有如世界末日一般。他們就好比大喊「狼來了」的男孩，你不知道該不該信任他們。所以，你千萬不能盲目接受他們看事情的觀點，因爲他們只以自我爲中心。澄清眞相得靠你自己，否則一個接一個的劇情都顯得急迫而絕望，絕對讓你焦頭爛額。爲了自保，你最好仔細評估事實，並且把他們的扭曲觀點擺在心上。

首先，你要能對抗伴隨他們懇求而來的焦灼和緊張。你無須跟他們一起扭曲或誇大，更不必接受他們的莫名偏差。你大可後退一步，客觀看待他們的處境，或是讓第三者來判斷。

務必要求他們提供細節，因爲情況很可能並非看起來的那般緊急。他們的情緒有偏差，你豈能根據他們所言，就相信問題眞有那麼嚴重？

拉開距離看問題，避免被誤導

別忘了，在情緒不成熟之人所碰到的危機裡，有太多他們出於扭曲和恐懼而忽略的地方。一碰到大問題，他們立刻就慌了手腳，認爲只能仰賴某人才能脫身。他們要你跳進去與他們同陷絕望深淵，然後神奇地幫忙扭轉局面。

你必須自行判斷該做出多少回應，並且不受他們的壓力和激動情緒所迫。如果他們眞的需要幫助，確切的程度如何？對此，他們絕對不會自行檢視，所以你必須自己做。面對他們的任何急事，適當反應是不要馬上跳進去，而是先行退開，審愼評估之後再說。

見你不立即默認他們，反而想先分析問題，有些情緒不成熟之人馬上就感到不悅。如果你還告訴他們，問題多少也是因他們而起，他們更會覺得遭你背叛。你若不立即遂其所願，他們就指控你不夠愛他們。然而你還是可以告訴他們，你不確定他們的衝動行事是最好的解決辦法，既然要你幫忙，你就要有足夠的時間跟他們一起想想其他可行之道。

如果他們不肯，那麼他們就有最嚴重的扭曲——自認你沒他們重要。好在，你不需要接受這種一面倒的偏差關係。你沒有任何義務要把另一個成人的需求擺在自己之上。向他們說明，你做任何事都要先想清楚；讓他們知道，當他們願意同時考慮你的需求，你也會很樂意跟他們討論。

練習7

從情緒接管中脫身

面對對方意圖對你情緒接管，你可以先問自己以下問題：

- 真相為何（而非只憑他們的一面之詞）？
- 可確認的事實有哪些？
- 這場危機有多嚴重？非常急迫嗎？對誰而言？
- 他們的要求是最好的解決之道嗎？
- 等他們平靜下來，有辦法自行解決嗎？
- 解決這件事是你的責任嗎？

問完這些問題後，你就能判斷眼前的問題確實是場危機，抑或只是偽裝成危機的情緒接管。

是否真有義務幫忙

當情緒不成熟之人碰到危機，就會讓你覺得你有義務幫忙。這是他們情緒接管的第一階段：他們的問題，就是你的問題。你若有所遲疑，說你需要想一想，他們基本上會如此反應：「我眞不敢相信你在我需要之時竟不伸出援手！」面對這種指控，你要做的就是後退一步自問，在這種情況下，面對這種種情況，你是否眞有義務提供協助？若不這麼做，你就會完全屈從於情緒接管，任憑他們主宰你的意識。

你在一段關係裡負有什麼責任和義務，只有你有權利定義。情緒不成熟之人宣稱自己面臨危機，暗示你別無選擇，但你當然有。你需要思考的是，能如何在不損及自身利益下出手幫忙。這樣做不表示你是壞人。記得要問自己：這很緊急嗎？這是最好的做法嗎？這是我的責任嗎？他們認爲你理所當然該做的一切，你都有權仔細檢驗。明確地判斷每個人的責任：

我的是什麼？他們的是什麼？義務——如果眞有義務的話——到底是什麼？

當你覺得有責任或義務的壓力，不妨問自己，這個念頭來自何處，道理何在。可行之道絕對不只一種，尤其當涉及兩人以上時，絕對不止。只要齊心協力，你們一定可以找出有利彼此之道。就如拜倫・凱蒂（Byron Katie）所建議的，你可以問自己是否覺得這項「義務」是絕對的、天大的事實？經過理性的思辨就能看清，單憑情緒不成熟之人的觀點，並不能決定事情的樣貌。

別任人予取予求

予取予求意指對別人不斷造成的困境伸出援手，或是代他們處理他們自己能做的事情。這會使他們變得軟弱，因爲你總是現身爲他們解決一切。你同意他們所聲稱的：他們無法處理自己的問題。予取予求，等於賦權給情緒不成熟之人接管你的人生。

當情緒不成熟之人陷於扭曲力場便會極度慌張，以致看不到其他選項。並非其他選項不存在，而是他們沒給自己足夠時間去尋找。由於他們總是倉促行事，讓你也覺得必須立刻出手相救。但是當你太快出面，即等於證實他們的信念：有人必須挺身幫他們解決。那也強化了他們一觸即發、需索無度的反應性。

伯特的故事

伯特接到小弟湯姆的急電，要求借他一萬美元應急。伯特認爲湯姆的債務龐大，這麼做終究不是辦法，要湯姆再好好想想。爲了緩和局勢，他也要求湯姆寫下所有細節，讓他了解整個狀況，這樣，他才可以思考自己願意做到哪個程度，也能讓弟弟練習透過書寫來解決問題。但湯姆深感受辱，他看不出這麼做有什麼好處，一心只想拿到這筆錢。這種反應顯示他自認一切都是應得的：他認爲哥哥就該給他一萬塊。當哥哥合理要求他寫下問題所在，他便感到被冒犯。不論哪家貸款機構，都要先看到詳細的申請資料，才可能考慮撥款，不是嗎？

情緒不成熟之人總是那麼迫切，而有時你沒在第一時間回應，之後卻發現問題自動解決了。也許你還在爲他們的危機傷腦筋，不久後卻發現他們早已雲淡風輕，上床睡了，或是已找到其他事情讓自己好過一點。這種情況屢見不鮮。你最好記得，就定義來說，所有從扭曲力場中看到的緊急事件可能都經過扭曲。

只要記住，你有權運用你的時間，有權決定你究竟要不要幫忙。你無須強迫自己違背心意做任何事情。

由你決定要幫到什麼程度

事先想好你願意做到什麼程度：在什麼情況下願意幫忙？什麼時候不願意？這應該要非常周詳仔細的練習，早在下次被召喚之前就準備妥當。在踏入他們的扭曲力場前，弄清自己能接受的尺度。

舉例而言，你或許不介意幫他們付一個月的房租，但前提是你直接把錢交給房東；或者你願意幫忙，但首先他們得自己盡力先幫自己。這些決定應來自於你，你有權得知整個狀況，而非全憑他們的片面之詞。你或許也能提供其他出路，那是他們透過扭曲力場無從得見的。

舉另一個例子來說，某對老夫妻已花費數千美元試圖幫兒子戒毒和謀職。兒子從他們那裡偷了不少錢，卻仍不斷要求再借一筆。老夫妻終於後退一步，審慎評估自己打算再付出多少、有哪些前提。他們設想了各種可能發生的不堪狀況，畫出自己能做的界線。等兒子開口說他乾脆搬來同住時，夫妻倆已做好準備。他們知道兒子的生活型態根本不適合他們的退休處境，他們自身的健康和婚姻必須列爲優先考量。由於事前的深思熟慮，這對夫婦得以避開兒子的情緒接管或脅迫。

練習 8

設下你能幫忙的尺度

想想你生命中總是期待你配合他們、向他們伸出援手的情緒不成熟之人。在下次問題到來之前，先做好準備：列出一切你願意和不願意做的事情，從你不假思索會做的（他們很渴，你端水給他們），到令你遲疑的（他們要你參加家族旅行），以至你會斷然拒絕的（他們要你送他們昂貴物品，只因他們的朋友都有）。在種種可能性當中，依序設想你願意或不願意出手協助的情境。也許你永遠不會碰到一模一樣的情形，但透過這個練習，你可以先想好自己能接受的尺度。

讓你不得不屈服的棘手狀況

我們常不如自己期待的那般堅強，有時你不免因爲被折磨得太累或茫然迷惑而選擇放棄。沒關係的。請留意情緒被接管的感受，並寫下來作爲將來的提醒。另外有些時候是因爲情況太過嚴重，若你拒絕協助，便會提高危機的風險。

生死一線時

涉及生死，是你同意幫忙的一種例外情形。舉例來說，某男子決定幫暴躁又吸毒的流浪漢弟弟租下便宜的公寓，好讓他過冬，因爲之前弟弟曾因體溫過低被送進醫院。雖然這個弟弟不可理喻又難搞，但哥哥也不想見他凍死在外頭。

有人揚言要自殺，則是另一種棘手狀況。那是出於曲解、驚慌，還是眞的？若情勢非常嚴峻，你應致電警方或相關單位介入以即時救命。對方將曉得，之後若再打這種電話給你，你會轉請警方維護他們的安全。自殺威脅是最恐怖的情緒接管，所以你不能讓自己成爲他們求生的唯一救星。你要把這種情形看成人質危機：有人的生命危在旦夕。別想試著靠自己解決；你應致電執法單位，尋求專家協助。

涉及無辜的第三者時

有時你決定屈從情緒不成熟之人的要求，是因爲有無辜的第三者在場。審慎評估狀況後，你也許會發現，自己想要的跟他們沒兩樣，差別只在動機不同。舉個例子，史丹的成年女兒萊拉總跟他要錢亂花，而儘管有諸多前車之鑑，這回史丹仍答應幫她買輛較新的車，因爲這車有安全氣囊，可保護十歲外孫的安全。

爲何你會成爲情緒接管的受害者

我們之所以不設防，是因爲情緒不成熟之人擅長撩撥起某種情緒，讓我們乖乖就範。下列是導致你陷入情緒接管的幾個恐懼：

- 拒絕別人使你感到不安
- 他們的憤怒使你畏懼
- 你怕受到批判和處罰

我們來檢視這幾種恐懼，並看看如何對付它們，好在情緒不成熟之人施壓的當下，維護你的情緒自主。

拒絕別人使你感到不安

倘若正常的自我捍衛會讓你覺得自己很自私，那麼你的自尊恐怕已遭到情緒不成熟之人綁架。當你對情緒不成熟之人說「不」，別奢望他會相信你是出於愛而這麼說。在被情緒不成熟之人曲解的世界裡，三思而行或畫出界線會被視爲無情或冷淡。但他們那種受傷反應卻非常管用，因爲沒有人想當壞人，而一個好人更不希望自己被視爲漠然。

不過，你可以藉著這些話來修正他們的曲解：「我不想顯得自己很無情。你覺得跟你意見不同就是不愛你嗎？」或者：「你我看事情的角度不同，這是因爲我們對各自的人生都有責任。」

他們的憤怒使你畏懼

害怕情緒不成熟之人的脾氣，也會讓你陷於情緒接管的深淵。這種人的情緒反應讓我們緊張，就像在熟睡的嬰兒旁得躡手躡腳、對隨時可能爆發的學步兒你不敢拒絕其要求一樣。如果你不順其心意，極端控制型或自戀型的情緒不成熟之人恐怕會暴跳如雷。也許他們沒有施加肢體暴力（也或許有），但你仍感覺得到他們的怒火像熔爐一樣逐漸熾熱，隨時可能爆發。

若對方喜怒無常，你最好保持安全距離，像是透過電話溝通而非面對面，或是選在有別人在場能予以支援的場合下見面。對話時小心尺度，不要挑剔、批判或毫不留情。你可以試著這麼說：「我知道，但願我能照你所願，但這次我實在沒辦法。」或者：「是，我不怪你這麼生氣，但那實在超出我能做的。」

當然，若有任何肢體暴力的疑慮，務必要先諮詢專家，研究安全的處理之道。

你怕受到批判和處罰

有時當你招致情緒不成熟之人的指責，你恐怕連自己究竟做了什麼都搞不清楚。他們以一副不敢置信的模樣看著你，而你卻怎麼也不明白自己到底哪裡做錯了。要記得，情緒不成熟之人的思考非常絕對，你若不是完全站在他們那邊，他們就會視你爲敵人。

許多情緒不成熟父母的成年子女飽嘗怕被定罪、處罰的嚴重焦慮。這種恐懼，也許來自情緒不成熟的父母、兄姊或師長，也許來自情緒不成熟的任何權威人物。當兒時的這種恐懼浮現，簡直令人驚駭莫名，你覺得毫無希望，自己即將沉淪。當這種面臨處罰的恐懼被觸發，你會開始胡思亂想：完蛋了。沒救了。死定了。

舉例而言，我的個案貝絲有時半夜醒來，心臟狂跳，宛如什麼恐怖之事即將發生。她總是處於恐懼之中，覺得高層某人（例如老闆）如禿鷹般緊盯著等她出錯。貝絲小的時候，恪守教條的父母一絲不苟，嚴格要求，動輒體罰，讓她在家裡半點安全感都沒有。很多時候她連自己爲何被罰都不知道。她記得那時她唯一感到安全的時刻，是在聽到媽媽用吸塵器或講電話時，在那個當下，她才能確定自己不會受到處罰。

關於定罪的好處是：你得先認同自己有錯，才會爲此難過。他們可以評判你，但是否認錯，完全在你。只要你不受他們的意見左右，就不會深陷他們扭曲的指責當中而無法自拔。你可以拒絕接受他們的批判，並且懂得分辨他們口中的你和你知道的眞實自己，兩者間的差別。要記住，只因情緒不成熟之人覺得某事爲眞，不代表那就確實爲眞。能定義你的只有你自己，而不是他們。當你覺得他們的評判不公平，就要勇敢拒絕接受。

有些時候，我們都會墜入情緒不成熟之人的情緒接管當中，而且陷落得如此之深，以致我們得在情感上與自己切割，才能不被傷害或恐懼逼迫。很遺憾地，這種出於自衛的自我解離，只會讓他們的負面曲解更輕易地接管我們的身心。

爲什麼你一句反駁的話都說不出

現在我們換個方式，看看你與自己的情感解離，將怎樣助長情緒不成熟之人對你的情緒接管。所謂解離意指，你在心理上與自我分開。那會讓你的內在凍結、萎縮，甚至覺得與軀體分離。

多數人對解離的認識只來自多重人格者的曲折故事。但解離其實是一種天然防衛，能以任何形式脫離有意識的自身經驗。這是原始的情感逃脫，是對抗威脅或危機很常見的心理防禦，在處於高風險環境中的小孩身上尤其容易看見。不妨把它想成自動隔斷閥：它不能修復壞損之物，卻有助情感不致潰堤。

與自我解離（或分離），會使你處於被動狀態，任憑情緒不成熟之人接管情緒。不幸的是，這種機制會變得全然自動，以致你對自己已然切入該模式毫無覺察。

解離狀態及其根源

遁入解離狀態，是我們面臨危急時本能的應對機制，就像動物赫然見到獵食者便即刻裝死或呈現僵直反應。你或許也曾經歷過令人震驚的意外，當下魂不附體，腦中一片空白，完全身不由己，想不出能說什麼或做什麼。每個人都熟悉這種停機狀態，我們稱此反應為「被車頭燈驚呆的鹿」。

當承受最極端的壓力時，解離會讓人覺得自己脫離了軀體，彷彿飄浮其上，從空中俯瞰。這是一種常見的創傷後反應，由此可見人們會輕易地解離到仍有所知卻無法動彈的程度。

解離使我們得以承受錐心的痛苦、傷害和失去。有時，能與自我保持距離，失去一切感受，也是件好事。舉個例子，某些解離能幫助傷者努力求生，分散對痛苦的注意力。同樣地，痛失親人者進入麻痺的停機模式，藉此得以度過難以承受的哀痛。有人藉著麻醉物進入解離狀態，脫離平日清醒以逃避感受。

這樣的解離機制，能讓你腦中一片空白，聽憑情緒不成熟之人主宰。當你面對殘酷話語或無理要求時無法言語，也許即是出現小規模解離的時候。你身處震驚當中，什麼話都說不出口。

在情緒不成熟、總是憑反應主導一切的父母身邊長大，我們很小便已學會解離。你可能得跳脫自己的感受，才有辦法面對脾氣暴躁或在情感上遺棄你的父母。一旦孩子發現自我解離能帶走傷痛，就會以此方式對付更多的小威脅。隨著時間過去，他們可能不再認識自己的內在經驗，也就是他們不僅讓自己與恐懼或傷痛切割，其他的情緒也變得晦暗不明，生活變得不太眞實。

時刻與自我保持連結

一旦進入自我解離模式，你將無法做出抉擇。因此懂得辨識和預防解離，至關重要。以下是防止解離的步驟：

1. 無論如何都要與自我保持連結。
2. 發現自己出神後，立刻回到當下。
3. 持續思索積極的解決之道。

要逃離情緒不成熟父母很難，例如在家庭聚會上，於是你忍不住從自我意識中跳開，神遊在外，直到你能離開他們爲止。但是脫離自我顯示了你對他們的無能爲力，而那完全不是事實。長此以往，這麼做也只會讓你更覺無能和無助。

布蘭登的故事

布蘭登很怕寡母的年度來訪。他跟我說，他早已學會打從母親一進門就「讓自己脫身」。

從小在極度要求、凡事干預、嚴格控制的母親身邊，若想保有自我，布蘭登似乎就只能用這個消極招式了。脫離眞實的自我，要比被母親批評得體無完膚好多了。小時候，布蘭登每次跟媽媽坦露情感，便只會招來嘲笑、否定或被趕出家門。

但這種抽離有其代價。布蘭登覺得母親來訪時，自己彷彿進入一種「假死」狀態，等她一走，他便開始狂吃和狂喝酒。他用這種自我挫敗的方式讓自己「放空」，好無視於母親的情緒攻擊，事後再藉著暴飲暴食來恢復。飲食能在自己的掌控之中且有求必應，不像媽媽。

布蘭登改變的第一步是，停止自我解離，並讓母親成爲他關注的中心。我鼓勵他與自己眞實的想法及感受保持連結，在面對母親以自我爲中心的行爲時，則要化被動爲主動。他開始打斷媽媽自顧自的「交談」，不再一逕聽到麻痺。一發現自己開始神遊，他就立刻改變話題，站起身，走出去，或乾脆中斷母子間的互動。他學會積極地脫離母親，而非他自己。

當布蘭登不再與自己解離，他變得更有主張。當母親對他的工作大發議論，他表示自己不需要建議，請母親用心聆聽就好。母親想停留一週，他縮短爲兩天。他也採取不同方式回應母親的批評。他不再放空，而是會馬上說：「等等……慢著……讓我想想你剛才講的。」於是他中斷解離的習慣，讓自己更有餘裕地去理解母親使他產生了什麼感受，進而告知她。布蘭登或許也在不經意間制止了母親本身的解離習慣。許多時候，情緒不成熟父母的喋喋不休，其實是他們避開自己不想察覺的深層情緒的一種自我解離。

就像布蘭登，你在與情緒不成熟之人互動時，也能警醒地與自我密切連結。這個練習很有價值，一旦停止自我解離而跟自己緊緊相依，你將不再墜入情緒接管的陷阱當中。我們在第七章將探討更多重獲自我連結的技巧與方法。

重點摘要

在這一章，我們探究了情緒不成熟之人所施展的情緒接管手段，以及辨識和對付這些手段的方法。你學到情緒不成熟之人的扭曲力場，他們怎樣利用危機感理所當然地要你幫忙。現在當你被迫去做超出自己所願的事情時，你能主張你有權考慮清楚。如今你已能看出情緒不成熟之人的誇大其詞，清楚且積極地拒絕所有你不願接受的要求。希望你也已經了解，情緒不成熟之人那些使人憂懼的壓力、憤怒和批判，曾如何讓你脫離自我到解離的程度。你已學到在這種時刻，積極捍衛自己是多麼重要。

5

得回掌控權：設下界限，跟情緒脅迫說「不」的技巧

與情緒不成熟父母互動，會讓你感覺無話可說、受控而無力。若在這種父母身邊長大，你大概不會學到處理情感脅迫與剝削的技巧。但如今你已長大成人，你可以有全新的回應方式。在這一章，你將學到設定界線及避開被父母接管情緒的方法。

不過請注意，你必須根據你自己的風格加以調整，以求符合你的個性和特質。有些果斷的手法對你來說也許過於極端，你得換個全新的個性才辦得到，若硬是套用會使你渾身彆扭，最多用個一、兩次便無法繼續了。舉個例子，斷然拒絕或許適合某些人，卻不符合你的作風，因爲你可能習慣經常跟人道歉、瞻前顧後或取悅他人。以下所提供的技巧適合所有人，即便你的本性容易遲疑，總是盡力配合或體貼別人。只要與情緒不成熟父母的往來和溝通能達到預期目標，其他都屬次要。

使用技巧前的提醒

首先，我們來看幾則能讓這些技巧更有效的基本提醒。

慢慢來

你可能已經發現情緒不成熟之人總讓你覺得急迫又匆忙，彷彿你只要多想一下就會讓他們光火。他們總是不停地催促孩子，受不了一點點耽擱，搞得所有人緊張兮兮。由於心中只有自己，同理心又低，導致他們就是無法理解別人爲何不能立即聽命行事。

我們很容易就屈從他們的催促。多數人在被催逼之下會慌了手腳，這也讓情緒不成熟之人有了可趁之機，順勢接管情緒，而你便在毫無覺察當中迫使自己立刻照辦。一旦你開始手忙腳亂，他們便可輕鬆掌管你的情緒。

放慢腳步可防止情緒被接管，因爲你跟自己的本心保持著連結。在保有自我的前提下，你能對情緒不成熟之人講的一句話是：「我需要一點時間考慮。」情緒不成熟之人痛恨此言，他們深以爲根本沒必要浪費時間想那麼多，他們不明白已經都告訴你該怎麼做了，爲什麼你還不能讓事情加速進行。

別照他們的時間表操課。你需要時間判斷你願意做什麼、不願意做什麼。若你慌了手腳，就會違背自我覺察，結果就是你滿足了情緒不成熟之人的需求，卻棄自己於不顧。

設定想要的結果

仔細想好每一次跟情緒不成熟之人互動的理想結果。讓每個行動單單朝著目標前進，而非盡想著對方要什麼。若沒有清楚的方向，情緒不成熟之人就會以他們堅定而單向的方式接管整個局面。

設定結果可讓每次互動有清楚的架構及方向，而那是你很需要的。有了架構，你才能隨時看得見自己的目標，不至於在情緒不成熟之人的堅持下，忘了什麼對自己才重要。

要釐清每次互動的理想結果，你可以問自己以下問題：

- 若我得到自己想要的成果，會是什麼樣子？（也許是你對他們設定界限，只答應你真正想做的事。）
- 我在考慮的結果是能由我自己掌控，還是取決於他們？（試著選擇你能掌控的目標。）
- 我是否太過仰賴他們能改變作風？（如果你期待他們改變，那就挑個你自己能達到的結果。）
- 我的目標有沒有象徵我的內在成長、舉止改變、抑或兩者兼具？（隨時掌握自己的感受，可促進自我成長。或是嘗試改變作風，不同意時便說出來。）

事先評估這些問題能讓你聚焦在重點上，不致在跟他們互動時，答應有違自己意願的事。把自己想要的成果列爲優先，以避免任何遺憾。

為自己堅持到底

情緒不成熟之人喜歡教你怎麼做，即便那應該是你的個人決定。要避免這種不恰當的壓力，你可以這麼做：表示你有聽到他們的反對意見（「嗯」、「我聽到了」、「喔」），但別太放在心上；聽個一分鐘，語氣輕快，輕輕地微笑，然後重複你的目標或打算（Smith, 1975）。若遇到阻力，別大驚小怪，只要繼續重複你剛才說的。這項技巧沒什麼特別，但就像滴水穿石，絕對有效。

你不爭辯，因爲你不認爲自己的目標需要拿來辯論。你已下定決心。爭辯暗指意志之爭的正當性，我希望那不是你想要的。只需藉著重複你的決定，你便提醒了情緒不成熟的對方：當下有兩種看法，因爲——就怕對方忘了——你們是兩個不一樣的人。

薇琪的故事

這年薇琪不準備回娘家過感恩節，因爲她和先生要去跟公婆一起過。當母親茉琳提到感恩節，薇琪回答說這次的安排有點困難，她會儘快回覆。

其實薇琪早已決定好了，但她想給媽媽一點時間消化自己會拒絕這件事。當她終於說出這回兩人無法回去，不出所料，媽媽的反應是被冒犯和被拒絕。薇琪差點軟化，但即刻提醒自己別太把媽媽的反應當一回事。她可以看出母親的扭曲力場（「這太差勁了！我應該放在你計畫中的第一位。」）正全力發揮，因此她告訴自己別因不順母親的意而感到內疚。

面對母親的持續火力，薇琪始終保持微笑，語調輕快。她只是一再重複自己的計畫：「媽，你說得對，這次一定感覺很不一樣。我知道你希望我們也在場，但今年我們眞的無法配合。」這招自我重複的技巧，是堅持立場很簡單又誠實的方式。

薇琪只需要和氣地重複訊息，直到母親減少提起的頻率。請注意，我不是說直到她母親不再提起。你不能指望情緒不成熟之人不一味的提出要求，但你可以讓他們覺得越來越沒趣。

傑莫的故事

傑莫上班一年，準備辭職轉戰新創公司，那看起來有意思多了。向來跋扈的父親一聽，立刻暴跳如雷，警告傑莫此舉實在太蠢，會讓他的履歷留下汙點。傑莫說：「爸，您可能是對的，但這是我不想錯過的一個機會。」父親想繼續爭論，傑莫只是反覆這句：「爸，您可能是對的，但我想這個決定應該沒問題。」

薇琪的媽媽和傑莫的爸爸都想將自己以爲的「對」，強加在成年子女的決定之上。好在，薇琪和傑莫都沒太認眞地看待父母惱火的反應。他們接受父母有那番感受的權利，但沒因此接受其要求。留意他們兩人如何面對父母的不悅，堅守住自己的目標。

薇琪和傑莫都理智地沒跟父母爭辯，因爲父母的感受並非重點；成年的他們有權自己做決定，這才是唯一重要的事。事先畫好這個底線，就完全不會讓父母有以內疚、羞恥或恐懼來強迫自己的餘地。薇琪無須爲母親解決受傷的感覺，傑莫也沒必要說服爸爸贊同他的決定。

應付情緒不成熟父母的五個有效技巧

要有效應付情緒不成熟父母，有五件事情可讓你不受其情緒接管和曲解的影響，分別是：

1. 離開你身為拯救者的角色

許多情緒不成熟父母的成年子女總覺得自己必須擔當父母的拯救者或保護人。他們是我在前一本著作中所描繪的「延攬型」。延攬者感應能力強，知覺敏銳，常因同情旁人而忽略自身的需求。他們把一切都放在心上，即便不是自己的責任也會一肩挑起。情緒不成熟父母還沒開口，他們便自動出面想幫忙解決。這種過度承擔也是一種「相互依賴症」，意指不經要求便擔起他人的問題，以求被愛和被重視。結果是，你把自己大部分的人生都花在他們身上了。

2. 避免正面交鋒

不正面交鋒，是閃開情緒不成熟父母企圖迫使你遂其所願的一種藝術。當這類父母一心相逼，側面閃躲要比直接拒絕有效。

當情緒不成熟父母想取得控制權，他們會施壓、嘮叨、爭辯，迫使你做出反應，然後據以對付。他們潛在的需求是：「你要照我的話做，附和我的看法，扮演讓我主導的角色。」你可以不被拖進這場拉鋸當中，你可以停下來，掌握住貼近自我覺察的強力時刻，簡潔有力地說：「我不知道」，或是「我現在眞的沒辦法回答」。

如果情緒不成熟父母想激你做出爭辯，你可以做個深呼吸，側面迴避道：「我想我現在沒什麼可說的。」另一種對付任何謬誤瘋狂之事的閃躲方式是不置可否：「嗯哼」、「嗯」，或只是「喔」。不正面交鋒的效果絕佳，因爲沒有衝突，而且你最低限度的回應會讓人不想跟你交手。

你可以這樣看待此一技巧：側身從障礙旁流過，不讓自己成爲目標。情緒不成熟父母沒有成熟到能公平交手，與他們對抗有應付不完的詭詐和小動作，足以讓你筋疲力竭，忘了自己想要的結果。你若與他們進入意志之爭，他們通常會贏，因爲光是聽他們那些毫無邏輯、自以爲是的話，就已耗盡你的腦力。

認同他們的感受。側面避開很厲害的一招是，認同他們的感受。但前提必須是眞心誠意，不可蓄意操弄，否則不會有效。如果你心存嘲諷，只會強化你對他們的情緒反應，而非減輕。

首先，你把自己的情緒與他們拉開，然後接受他們有任何感受的權利，就像你也有這樣的權利一般。你無須評斷他們的感受，也不必依他們的要求行事。你明白情緒不成熟父母一不順心就會生氣，但你無須因爲他們不開心而改變自己的心意。

當包括父母在內的情緒不成熟之人開始批判你、指控你，要這麼做並不容易。但你若緊繃起來自衛，就等於挺起胸膛任人攻擊。你應該仿效東方武術，其最高境界就是側身避開，讓對手隨著能量失衡而往前栽。就像那樣，你往旁邊一閃，看著他們的情緒從你的身旁流過（「媽，我知道你對我很失望」，或「爸，我曉得你認爲我做錯了」）。

愉快的笑容、懇切的點頭能讓你維持在側翼狀態，並能穩定敏銳度。當情況特別緊繃，不妨這麼說：「媽，可能眞是如此，你或許是對的，不過我只能憑我所能盡力而爲。」

3. 由你主導場面

當你跟情緒不成熟之人往來，包括父母在內，你面對的是缺乏彈性、同理心和包容力的人。他們試圖以幾種固定防衛模式取得掌控，包括大量的控制、批判和消極。但這些過度反應卻也讓你有機可趁，扭轉局勢。

舉例來說，跟情緒不成熟之人交談時，他們往往只顧自己，滔滔不絕地講些只跟他們有關的事。你可曾留意過，他們能談的話題是多麼有限？他們幾乎不曾問起你的事？他們對新事物或了解別人沒興趣？你可藉著豐富談話的內容讓這段時間不那麼無聊。

你可以帶領並加深談話的內容。如果你在情緒不成熟父母身邊長大，你可能從未學到如何主動引領交談，將內容導向更有意思的主題。身爲一個孩子，你似乎只能當個聽眾，聽著爸媽高談闊論。

但長大成人後，現在你能扮演主導角色。你可藉著扭轉方向的問句來改變話題，引開負面思維，安撫恐懼，岔開演說。當你能把談話領到不同方向，就能創造比較有意思的互動。

你可藉著提出這類問題來表達好奇：「是什麼樣的經歷讓你有那樣的感覺？若發生這種情形，你覺得怎樣能好轉？會有哪些不利狀況？我不知道那會產生什麼出乎意料的後果，你說呢？」

你也能如此推動更深刻的對話：「有些人會不同意，他們會說……你會怎麼回應？」他們仍在講話，但現在你讓內容變得比較複雜有趣，而非只能坐以待斃。當父母想把你放在被動角色的交談中，讓自己更加積極主動就是一種自我肯定。

你可以引導出更廣泛的話題。情緒不成熟之人的想法刻板守舊，總是陷在老話題中打轉，想跳也跳不出來，被僵化的自我中心所侷限。他們暗中或許期待有人能把他們帶出這樣的死胡同。

你可以問他們最愛看哪些電視節目和電影，喜歡的理由何在。愛去哪些地方購物、愛吃哪些食物，只要是他們感興趣的任何事情都行。你不是在妥協，而是在導演。你有意識地保持主動，而非默然墜入消極恍神中。

情緒不成熟之人講上一陣後，你可以插嘴轉換焦點：「關於這點，我有個想法」，然後簡短分享你的意見，接著再問：「你覺得怎麼樣？」如果這聽來簡直像是最初級的對話練習，一點兒也沒錯，而這正是他們最不擅長的。

要當場改變話題並不容易，所以最好事先備好話題。利用即席演說的概念是不錯的做法。見面之前，先在口袋裡準備幾個適合的題目卡，待時機一到，你就能想到適合的題目，打破那悶死人的嗡嗡之聲。題目可包括家族史、孩提時期（你的、他們的），或是關於遠親的事也不錯，你可能會很高興自己問了這個問題。

當情緒不成熟之人大談某件你不想再聽的事，你可以這樣打斷：「抱歉，我插個嘴，我知道這有點離題，但我一直很想問……」事先想好一些你真正感興趣的關於他們或他們過去的問題。主動邀請其他人加入談話，也是一種讓自己在他們的獨角戲下獲得喘息之道。

透過這些方法，你能把對話帶往比較活潑、有來有往的方向。他們也許不想聽你的意見，但如果你用問的，就頗有機會讓他們側耳聆聽。再度強調，目標不在改變他們，而在把對話變得比較引人入勝，讓自己比較樂在其中。

帶領談話並沒有讓誰比較得勢，只是讓彼此走上更有建設性的道路。我們並不會讓自己的小孩獨占所有的談話，或決定每次的話題；同樣地，讓情緒不成熟之人獨享那樣不合理的社交勢力也不好。

4. 為自己爭取喘息空間

每次與情緒不成熟之人相處之前，你要先想好怎麼爭取合適的空間。這很重要，否則你將脫離自我或陷入他們唱獨角戲的泥淖當中。

保持距離之道

有時候，交談是你最不想跟情緒不成熟之人做的事。你會想與他們保持情緒上的距離，因爲這些人很喜歡主宰、批判、羞辱或嘲諷。

善用幻想。我有個朋友發現，每當踏進她媽媽家之前，只要想像自己處在一個無敵金鐘罩之中，一切就好上許多。不管媽媽說了什麼難聽的話，她都能想像那些話語像小石頭飛來撞上金鐘罩，然後紛紛彈開，自己則毫髮無傷。

她也喜歡把媽媽的批評轉譯成自己想聽的話，這個主意來自一個喜劇節目。舉個例子，當母親一見面就不以爲然地嫌棄她的外表（「你怎麼把頭髮剪短了？」），我的朋友就假裝媽媽講了很棒的話，像是：「眞高興你來了！看到你，我眞開心！」這樣的對比讓朋友暗自偷笑，也讓一切顯得輕鬆許多。

善用讚美。這是我的朋友為自己和母親之間打造親善空間的另一招。表面上，讚美不像是保持距離，但實際上是可以的。讚美可讓你居於主導地位，對控制對方情緒頗有奇效。讚美的焦點可以是情緒不成熟之人感覺自傲的任何事。最棒之處在於，對方將從這些讚美中獲得能量，而非從你身上。

動作要快。當你覺得需要喘息時，動作得快。若沒在倦怠焦躁的第一時間閃開，你將掉入他們的催眠深淵，很長一段時間都動彈不得。

如果你拜訪情緒不成熟之人，開始感到被耗盡或困住，可馬上以這類話術打斷交談：「喔，你知道嗎，不好意思，我得上個洗手間」、「啊，我想我該去補個眠了」、或「嘿，抱歉，但我有點想睡覺，需要一點新鮮空氣。我馬上回來」。

請注意，在這幾個例子中，你用「喔」、「嘿」、「啊」、「你知道嗎」這些開頭詞打斷他們的滔滔不絕。這些小字眼構成了絕妙武器，斬斷他們接管你的長篇獨白。

等你更懂得怎麼轉移話題，也許就不再需要這些藉口。但在起步時，這些技巧頗能讓你坐上駕駛座，為自己打造空間。一旦有此餘裕，請繼續努力維持，直到你懂得控制場面，不再只是坐困愁城。

找好退路

只要可以，應避免留宿在情緒不成熟之人的家裡。跟這種人相處，你除了感覺自己沒被看在眼裡外，還得爲他們耗盡心力。在他們身旁想要聚精會神實在不容易，因爲他們只當你是聽眾，而不是獨立的個體。

情緒不成熟之人如此耗人心神，因此即便是短暫拜訪，你也必須爲自己找好退路，規劃好充電和暫停的時間。若得參加家庭聚會，不妨住在旅館或民宿，以避免全天候與他們相處。就說你有工作得處理，這是個好理由。

爲自己保留退路很重要，這讓你擁有掌控進退的空間。（「爸，今天很愉快，但晚餐前我想先回旅館休息一下。」）情緒不成熟之人也必須尊重你的身體需求，而且與其跟他們解釋他們的舉止如何讓你感到疲憊，這種理由更加有效。

舉例而言，每當詹姆斯要跨州參加家庭聚會，他一定會先規劃好跟伴侶的每日散步、鄉間漫遊、看電影、購物之旅，好離開親人的壓力，有一段喘息的時間。他們會觀察親戚的舉止，從中找出樂趣，但也保持客觀。每當有人特別失禮，兩人便會交換眼神，知道等會兒又有話題可聊了。只要不把情感脅迫當作一回事，讓自己隨時可以抽身，它就不會造成威脅。

另一位女子造訪老家時，總不時傳簡訊給好友。只要逮到機會，她就走到一旁傳各種表情符號過去描述剛才發生的事情。當爸爸責怪她老是黏在該死的手機上，她就笑說：「我知道，手機眞是我的罩門，太糟糕了！」

我猜有人會說這些託辭不夠光明正大，有礙良好的關係。但在彼此能夠眞誠以待之前，你得先能積極、警醒地保護自己。在第十章，我們會探討如何與情緒不成熟之人坦誠以對，但在那之前，最好還是先學會自保之道。

節制相處的時間

不管你投注多少時間或心力，情緒不成熟之人永遠覺得不夠。如果你把決定權交到他們手裡，你最後一定會筋疲力盡。

預先決定好你能跟他們相處多久而不致恍神。時間一到，你便伸開雙臂、打個呵欠說：「不好意思，但我不行了。我該離開了。」或是：「我得活動活動筋骨。」隨即站起身。如果你想，也可以輕拍他們的手背或捏捏他們的肩膀，作個提醒。

要是他們抱怨或奇怪你怎麼總是這麼累，你可以說：「我知道。可不是嗎？也許我有睡眠中止的毛病。」實際情況是，跟自我中心又習慣忽略別人的情緒不成熟之人在一起是很累人的。當下你可能只想躺平。如果他們必須講個不停，那麼你也必須休息，這很公平。

情緒不成熟之人完全不知道自己講了多久、耗費了誰的心力。舉個例子，蜜雪兒很怕接到一位大學室友的電話，這麼多年來彼此已沒剩下多少交集了。聽她講了半天之後，蜜雪兒準備結束，對方顯得很驚訝：「喔，可是我可以跟你講一整天呢！」蜜雪兒暗想：「是啊，因爲都是你一個人在講。」另一位女子坦言，當她跟煲了一小時電話粥的母親說她得去忙了，母親常常抗議道：「你老是沒時間講電話！」

你若碰到這種情形，語音留言是個自保的辦法。以簡訊或電子郵件回覆（「錯失來電。有什麼事嗎？」），也是控制時間、直搗核心的方式。誰都沒有權利任意打擾你。你可以在方便時才回電——最好在你馬上得前往別處之前。

當情緒不成熟之人把你的耳朵當作他們抱怨或痛苦的垃圾場時，你可以說：「喔，現在你的心情不太好。我跟你說，等你恢復了我再打給你。」記住，聽起來不合邏輯沒關係，只要你能脫身就好。如果情緒不成熟之人發出抱怨或指責，你可以含糊其辭道：「喔，我不知道。」或是：「我聽到了。你和我不同，可是沒關係。現在我先讓你去忙你的。」

不妨在接起電話時先設限：「喔，嗨，老弟，聽到你的聲音很開心。我大概有十分鐘。什麼事？」如果情緒不成熟之人想這麼說好讓你心生內疚：「你老是在忙。我們都不能好好聊天了。」適當的回應是：「現在我有十分鐘。什麼事？」

順道一提，這句「什麼事？」能指引對方正中要點，不像那種邀請式的開放問句「最近怎樣？」「你想跟我說什麼？」會讓人暢所欲言。這不叫無禮；實際上，預告對方你有多少時間是很有禮貌的一件事。

拒絕某些話題

萊西很受不了母親瓊安老愛講親戚們的閒話，有一天她忍不住跟媽媽說她不要再聽這些了。瓊安自覺受到冒犯，立刻武裝了起來：「你倒是說說看，我如果不能跟你講，還能跟誰講？」萊西知道那不是她的問題，便答說她很樂意聊其他任何話題。此後，每當母親又要抱怨親戚，萊西就會馬上打斷：「媽，我得走了」，隨即掛上電話。有時她就是切斷電話，要不就假裝斷線。一段時間後，母親的老毛病要犯之際就會說：「喔，對，你不想聊這些……」然後就談起別的話題。所以說，堅持不懈對情緒不成熟之人很有效。

由你喊停

萊西讓自己可以突然喊停，說掛就掛，沒有再見，沒有多餘的好話，就是切斷。相對地，奧黛麗就比較在意對方的感受。舉例來說，每當她被媽媽講到毫無力氣，她會好聲好氣地插嘴：「媽，我非常抱歉，但我得去忙了，以後再跟你聊。」

唐突也好，客氣也罷，兩位女子都很有效地保護自己的能量，並擋住母親的控制。兩人都達到中斷談話的目的，只是手法各自不同。

突然停止談話或許看起來差勁無禮，實則不然。情緒不成熟之人缺乏同理心，根本無視你不斷放送的各種迂迴暗示。他們有權扯個沒完，你自然也有權隨時中斷。再說了，當你知道自己能隨時中斷，之後也更樂於接起電話。設限對關係是好事，有助積極參與，停止被動聆聽。

直接離開

很多情緒不成熟父母的子女，從小就被訓練要乖乖等父母講完，不然會被罵沒禮貌、不尊敬長輩。情緒不成熟父母往往不給小孩情感的空間（「我在跟你說話，看著我！」），孩子更別想能開口說自己聽夠了。這就是這些子女得到的服從訓練：在父母說完以前，只能乖乖待在原地——也許是自我解離。當父母不給你表達「你已經受夠了」的機會時，離開不叫懦弱或無禮，而是一種不傷任何人的設限手段。

除非坐牢，否則我們隨時可以走人，且不必講求是否合乎禮儀。刻意的出人意表其實沒關係。

山姆的方法

山姆讓家人習慣了他總是晚到早退。他現身時永遠嘻嘻哈哈令人開心，然後他會突然起身說：「今天眞愉快，但我得走了。」隨後即親切地揮揮手：「大家再見！」山姆發現當他知道自己能隨時走人，他更願意回去團聚。

剛開始這麼做時，訝異的家人追問他爲什麼得這麼早走，他總是說：「我實在太累了」或「我吃太飽了」。一段時間後，他也不多做解釋，直接說再見。因爲他表現得稀鬆平常，又總是神情愉悅，家人也就慢慢接受了。如果有人怪他老是遲到，他也坦然接受道：「我曉得，我做什麼都慢半拍。」於是有人說：「山姆就是那樣。」

減少往來

若情緒不成熟父母不尊重你的界線或太過傷人，你覺得必要的話，可切斷彼此的聯繫。有時當情緒不成熟之人實在令人無法忍受，我們便需要緩衝。若往來只是帶來傷心和傷害，不妨先隔開距離，直到你從谷底恢復力氣。當情緒不成熟之人虐待成性，恐怕只有保持距離才能保護你。在少數情況下，有些人有理由完全斷絕與他們的聯繫。

但距離有其代價，所以你要確認這麼做是值得的。拉開距離是爲了恢復元氣，不再受對方主宰或接管。若你決定只維持基本的聯繫，那麼很長一段時間恐怕彼此就只有非常有限的電話、郵件、簡訊、或短暫的會面。

在考慮要減少聯繫時，應自問這麼做是否會後悔。那是決定的重要依據。有時候，往來實在很折磨人，最好的關係或許來自保持距離。

5. 對暴力行徑零容忍

接著來看看如何處理情緒不成熟之人的虐待行徑。如果他們只是粗魯無禮，不至危及你的安全，你可以制定某些「規則」來規範他們。了解他們會有哪些無禮之舉，你便可事先排練該如何回應，要練習到有如本能反射。虐待行徑常令人措手不及，若沒先做好準備，你可能會嚇到無法動彈。迅速反應也會令對方猝不及防，讓情緒不成熟之人發現自己難占上風，將來的互動規則便由此建立。

以下是一則對霸凌父母設限的例子，讓對方以後不致有更過火的舉動。

麗莎的故事

雖說老爸脾氣不好，麗莎還是會邀爸媽一起過節。而有一回感恩節，只因外孫沒先問過就擅自打開櫃子拿糖吃，麗莎的爸爸就巴她八歲兒子的後腦杓。麗莎怒不可遏，小時候受虐的畫面瞬間閃現。她朝父親大吼道：「爸！我跟你發誓，如果你再這樣，就再也見不到我們了！」她也可以這樣說：「爸！這屋子裡不准動手。如果你再這樣，我們不會再邀請你來了。你必須向巴比道歉。」

有人就是以爲自己可以任意管教別人，要跟這種人設限，就得像麗莎這樣強硬。麗莎甚至有權請爸媽登時打道回府。不過如果麗莎擔心爸爸真會動粗，就不能當面反抗，而應先緩和情勢以確保安全，必要時可暗地通知警方。等一切安全之後，再用電話或郵件通知父親，以後將不再邀他到家裡來。

面對有暴力傾向者，安全至上

對有暴力傾向的情緒不成熟之人設限或叫他們住手，有時可能會讓情況變得更糟，就看當時他們的情緒狀態如何。當對方怒火中燒，挺身自衛恐怕會惹火上身。如何先撐過危險，以能安全撤退，最好請教專家的建議並聽從本能。在這種情況下，恰當的目標是毫髮無傷地脫離險境。待一切安全之後，即可另擬合宜之計，保障自身與他人。

盡可能妥善因應

當情緒不成熟之人喪失理智，很可能做出危及他人之事，像是破壞東西、或不顧危險瘋狂開車。此時你覺得自己宛如人質，不管怎麼做都可能讓情況變得更險峻。

這時你能做的只有深呼吸，讓自己保持清醒，並試著安撫對方，設法緩和局勢或逃離現場。這不表示你軟弱，而是盡己所能地處理危機。

但你要爲以後做好打算。你可以同意只在公眾場合碰面，或自己安排交通工具。如果對方詢問理由，你就坦白告知。

透過練習，運用這些技巧，熟能生巧，你會做得越來越好，不再受情感脅迫控制。一段時日之後，你將發覺一股平靜的力量油然升起。要讓這些改變持續下去，需不斷鼓勵自己，對自己能保持警醒並即時預防情感脅迫而讚許自己。

重點摘要

你有權拒絕被情緒不成熟之人接管。因他們而起的任何挫折，都可視為一種信號，讓自己調整步伐，思考你想要什麼結果。不慌不忙，拉開距離，不要在對方的壓力下倉促行事。有些方法能有效阻止他們控制你的情緒，包括：側面因應、保持抽離、掌握場面、畫下界線。若對方有暴力傾向，要先確保自身安全，請教專家，了解如何應付對方動手的場面。

6

找回遭父母敵視的感受和情緒：該是捍衛自我權利的時候了

在情緒不成熟父母身邊，讓人很難保有自我。有些小孩以反抗來宣洩苦惱，而如果你屬於心思細膩之人，什麼事都習慣往心裡去，那麼你可能就容易自我壓抑，在父母身邊時總是隱藏起自己眞正的主體性，以他們能接受的方式與之互動。只要他們在場，你就覺得緊張，開口前總要仔細評估，想了又想才敢說。

讓你只敢這麼小心翼翼地表達的原因何在？那是由於情緒不成熟之人總是輕易批判並嘲笑別人的內在經驗。就他們看來，你的內在根本毫無存在的必要，那只會把你從所謂重要的事情上拉開。他們指望你徹底服從，一旦你略表反對或陳述己見，他們就斥責你沒禮貌。除非他們認可，否則你心裡的任何想法都不值一提。

在這一章我們會看到情緒不成熟父母對你內在的敵視，如何讓你學會不信任、甚至恥於面對自己的內在感受，進而損害自信。情緒不成熟之人本能地不讓你依靠內在指引，否則你將不易受他們控制。我們旨在指引你洞悉他們的這些貶抑，進而支持你自身的感受與觀點。

尊重自己的內在體驗

先來看看內在世界何以重要。它會帶給你以下五項關鍵禮物：

1. 內在的穩定與韌性

內在的心理世界就像肢體，有其一定的發展階段。所有的人都先處於混沌狀態，整體而動態的人格架構再逐步成型。內在發展得順利，心理的各種功能才能交織成穩定緊湊的有機體，讓你的不同面向——身與心——合作無間。內在的複雜度獲得足夠的發展，你才會努力不懈又具適應能力。你能掌握自我和情緒，思考寬廣而有系統。你因此變得更有覺知。

這截然不同於情緒不成熟者的性格：非黑即白，僵硬死板，往往自我矛盾。他們的內在世界發展或整合得不夠完善，無以形成可靠的穩定性、堅持力和自我認知。

2. 完整性與自信心

當你了解自己的想法並與內在世界緊密相依，你就擁有清楚的完整性和滿足感，而這會提升你的安全感。完整性也帶來尊嚴及正直，讓你在沮喪失措時能穩住自己。它也帶來信心，讓你知道自己的感受有其意義，自己的直覺值得相信。

3. 與人建立親密關係的能力

自我覺察讓你能與人分享親密關係。當你越懂得自己，便越能同理他人。眞正的親密是了解彼此的內在感受；否則就只是拿自己的需求和衝動去撞擊對方。自我覺察也能幫助你選擇能相互支持、相互珍重的朋友和伴侶。

4. 自我保護的能力

能否嗅出危機，看穿不可信之人，端視你能否聽信直覺。要能識破威脅，首先要能察覺自己對情況的反應。內在原始本能影響你的安危至鉅。

5. 領悟自己此生的目的

與內在的良好關係，能讓人看清價值，理解此生目的。若缺乏這層信賴，你將聽任同儕、文化、權威者主宰。在本書第二部分，你會學到更多了解內心世界之道，掌握好這個過程。

情緒不成熟之人如何看待你的內在感受

現在，讓我們來探討情緒不成熟之人怎麼看待你的內心世界。了解情緒不成熟父母如何對待你的內在經驗，有助你信任自己，而非一味地順從他們。

認為你仍需要他們的指引

在情緒不成熟父母眼中，成年子女的內心仍不成熟，你仍是他們的小孩。用這麼陳舊過時的眼光看你，也難怪他們執意要一直告訴你怎麼做，而不去了解你的內心在想什麼。你早已長大成人，他們卻仍自認有權強加權威在你身上。

你已成熟的內在識見，動搖著他們覺得你仍需要指引的看法。他們也許不斷地對你嘮叨、批判、下指導棋，只因不願相信你現在屬於你自己。漠視你的內在世界，他們就能流連在他們自覺最安心的那種親子關係。

不關心你的主體經驗

情緒不成熟父母一心想指揮子女，根本不在乎孩子的內在感受。他們把孩子當作空盒子，只需承裝父母規定的事物。在欠缺同理和好奇之下，他們只關心你如何對待他們，而不管你的感受和想法。

這類父母毫不在意他人的內在感受，所以很難用心聆聽。他們從沒想過你心裡有任何重要之事，自然不會去探問你的想法。因爲從小習慣了他們的這種漠視，你也就以爲自己的內在微不足道。

認為外在事物比內在感受重要

情緒不成熟父母認爲重要事情只發生在外，何需鼓勵孩子去覺察內在感受？對他們而言，內在的思維和感受似乎帶有破壞性，毫無建設性可言。孩子最好忙個不停，只需關心各項活動與外在事物就好。

基於這種態度，情緒不成熟父母往往不支持滋養內在這樣的事情，閱讀、夢想和藝術都是在浪費時間。對他們來說，一切都該導向實質收益，否則意義何在？孩子連精神層面都被嚴格管理，只允許留一點空間給心靈信仰。

深思熟慮令他們不耐

情緒不成熟父母只想要快速答覆孩子的問題，完全不鼓勵孩子多想想。他們的教導無非是一些既有教條和陳腔濫調，不然就是叫你高興怎麼做就怎麼做，而很多時候這是最糟糕的建議。對他們來說，認眞討論你的內在只會導致分心和拖延，而非成長。深思也意味你可能會想出一些他們不贊同的事。

故意否定你的決定

情緒不成熟父母覺得深思熟慮根本是在浪費時間，然而等你做出決定後，他們又開始挑毛病。這是他們令人抓狂的特質之一。你必須立刻決定，但這決定必須與他們同調才算數。經過深思後，你若朝著自己的目標前進，便顯出你有自己的主體性，這會令他們感到不安。

嘲諷你的夢想和美感

幻想、想像和美感都源於內在的感受，很多情緒不成熟父母認爲這些不過是在浪費時間而已。在情緒不成熟之人眼裡，幻想是無意義的癡人說夢，讓人看不到其領先的創新與解決問題的潛力。他們這般貶低想像力是很諷刺的，因爲整個具象世界其實都起於人類的想像。

情緒不成熟之人特別瞧不起別人所具有的美感。當這種父母批評孩子覺得美好或特別的事物，對孩子的自尊傷害極深。

這裡提供兩則踐踏孩子美感的例子。十幾歲的米拉存錢買下一件在她眼中很美的人造皮外套，想穿去上學。她第一次穿上這件外套，媽媽一看到就笑了，說她簡直像頭髒兮兮的熊。陸克在臥室牆上貼滿他喜愛的樂團海報，爸爸說這些樂手看起來都像魯蛇。米拉也好，陸克也好，此後他們看待自己喜愛事物的眼光再也不會一樣了。

小孩會熱愛自己覺得很美或很棒的東西，因此父母的嘲笑會對他們造成巨大傷害。當他們對某樣事情的著迷受到譏諷，情感上的自信便動搖了起來。長此以往，這樣的孩子將遠離自己的內心世界，極可能陷入頹喪、憂鬱、空洞、甚至毒癮當中。

羞辱你的想法或感受

你的感受或想法如果不同於情緒不成熟父母，他們很可能會羞辱或嘲弄你。只因別人內心的想法不同於他們便加以譏諷，是情緒不成熟之人最會做的事情。他們這樣做的言下之意是：你實在太天眞了，還不懂該怎麼想才是對的。

他們表達嘲弄的方式很多，包括「別傻了」、「別笨了」、「那根本不合理」，無非是說你的想法根本不値一提。再不然他們會給你一瞥或嘆口氣，意味你不知道自己在講什麼或你的想法實在荒唐至極。這些蔑視讓你種下自我懷疑及高度自覺的種子，你會開始對自己的想法感到難堪或不安。

情緒不成熟之人爲何敵視你的內心世界

情緒不成熟之人不僅反對你的想法，他們的反應甚至是輕蔑又火大。一名五十歲的女子告訴父親她要投票給他反對的候選人時，父親竟伸出食指大力戳向她說：「你敢的話，給我試試看！」怒氣之強，說明他不僅覺得被冒犯，更覺得女兒竟有自己的好惡，讓他深受威脅。

我們再進一步了解，當你有自己獨特的想法與感受時，情緒不成熟之人爲何表現得這麼敵視，甚至加以攻擊。

你的內心世界危及他們的權威和安全感

情緒不成熟之人討厭你的內心世界，因爲那會干擾他們的情緒接管，損及其既有的權勢。記住，他們是靠掌控你的情緒以維持他們的自尊與情緒穩定。當你關注的焦點不再以他們爲優先，而是去忙你自己的心思，也難怪他們會不高興。

在任何關係中，情緒不成熟之人總是要掌控一切，藉此得到安全感，而當他們發現你有自己的個性時，就會使他們提高警覺。他們已經看出來，一旦你信任自己的內心，便不再任其擺布。

情緒不成熟的父母還擔心一點：你有自我主張，會損及他們的社會地位。情緒不成熟父母若成長於恪遵教條的保守社會，恐怕就會害怕你的獨特性會讓他們蒙羞。

你的自我連結讓他們想起自己的失落

聽你談起夢想和希望，也許會使他們憶起被拋棄的內心世界，於是他們便以嘲弄和批判來保持情感距離，避免觸及痛苦的回憶。

你對未來的渴望，也許讓他們想起自己曾經失去的機會。舉例來說，某個情緒不成熟的父親嘲笑兒子的藝術家之夢，因爲他想起自己曾有的野心，而當初爲了家計，他不得不斬斷那些夢想。現在，他對兒子流露出的熱切之情無法忍受，因爲激起的失落太令人痛苦了。

你如何內化了父母對你的貶低

你的感受和想法被情緒不成熟父母否定，感覺已經夠糟了，更有甚者，你自己也可能內化那些負面聲音，以致貶低了自己的內在世界，蔑視自己的一切。以下是一些值得警惕的自我背叛。

背離內心的感受

情緒不成熟父母或許使人喪氣，但是當你也否定自己的想法與感受，那才眞的可怕。一且拒絕自己的內在體驗，你會認為別人都不想聽你的心聲。那是因為你瞧不起自己最真實的感覺。當你與情緒不成熟父母同聲一氣地貶低自己的內心，無異把你自己的情感層面關禁閉，任由自我忽視及自我批判接手宰制。

無須如此對待自己。不要拿「我不該這樣想」的念頭責備自己。你可以思索：「我有這種感覺。我想知道為什麼會這樣？」每次你接受自己的感受並產生好奇，而非升起自我排斥或恥辱之念，你就是在捍衛自己的內心世界，認為它值得重視。

你學會只重表面，只為迎合父母

父母若對孩子的感受或想法不感興趣，孩子就難以成為一個有內涵的人。當孩子總是擔心父母會對他失去興趣，就很難保持真心。因為怕被忽視，許多小孩學會僅做表面工夫，藏起真實的感受，最後便可能失去真誠。

出於焦慮，著重外表有助於建立自己的形象，不怕受到冷落或批評。這麼做雖具有保護作用，卻也使得人與人之間的連結變得淡薄。很不幸的，當我們越會做表面工夫，就越常跟喜歡嘲諷的人在一起，因為他們也過著表面生活。

你若察覺自己總戴著面具，不妨試著坦露更真實的你。別只顧著包裝完美形象，轉而開始留意自己眞正的感受。這一點一滴的覺察都能化解淺薄。每一次當你多流露一絲眞誠，對自己的忠誠便隨之增加。面具也許是贏得情緒不成熟父母的有效工具，卻不能爲你贏得理想的親密關係。

將真實的情緒束之高閣

情緒不成熟父母常顯出一副「你的反應太誇張」的表情，彷彿你眞心流露自己的感受實在是有毛病。這些強烈的情感讓他們渾身不自在，於是你學會將感受收斂起來。他們的反應讓你相信，你的很多情緒是多餘的，而且沒有道理。

米亞的故事

米亞小時候只要難過或傷心，爸媽就說：「別垂頭喪氣了」或「你不該覺得這樣」。當她非常開心、興奮或渴望某樣東西時，爸媽也會警告說：「別太過指望。」總之，他們傳遞的訊息就是「別有任何感覺」。無論當下的感受如何，爸媽總是叫她別太超過，僅能流露一點情緒才算合格。爲了避免被念，米亞學會遠離那些強烈情緒，不管正面或負面都一樣。結果是，米亞長大後出現了憂鬱症。

「我想他們希望我快樂，」米亞跟我說：「但必須是一種很淺、別太深入的表達方式。」米亞記得爸媽只允許她對外在具體的事物感到開心，例如耶誕禮物、新衣裳、好成績。她得藏起自己眞實的反應，否則爸媽又會說她反應過度、性格軟弱或過度敏感。父母的排斥使得米亞也跟自己的情緒隔離，逐漸失去情緒自由，失去如實感受的權利。

所幸米亞後來重獲這分權利。她學會開心時不再裝酷，失望時不只是聳聳肩膀。她努力擁抱自己的感受，任其暢快流露。

你也辦得到。別抹煞自己眞實的情緒。你不該害怕或恥於自己有太多情緒。你能扭轉這些自我背叛，只要如實接受所有感受即可。下次當你覺得興奮時，只要任其貫穿全身，不要試圖壓抑。成年的你應盡己所能充分體驗你的情緒和感受，因爲這是了解自己最好的辦法。

不幸的是，你若曾因自己的情緒而感到難堪，當你心煩意亂時便可能會選擇躲起來。你可能會說「我沒事」之類的話來揮開旁人的同情，但逃避撫慰對你不是件好事，因爲那是我們自然的生理需要。正常人可因他人的撫觸、情感連結而平靜下來。關心之人的輕碰、語調和親近，會對我們產生具體的安撫作用。若是可以，請放開胸懷，坦然接受。別說你不需要幫忙，你能自己處理。感謝那些關心你的人，別刻意逃開。

質疑自己的創意和解決能力

內心世界是一切新點子的泉源。你若能接受自己，隨意發想，就能湧出更多創見。然而你若學會自我懷疑，你的創造力和解決能力就會減低。

要翻轉情勢，下回碰到難題時，請敞開胸懷擁抱嶄新念頭，不帶批判地進行腦力激盪。當你忍不住要攻擊這些點子時，可不斷問自己：「但萬一行得通呢？那會怎樣？」讓每個好主意都堅持十分鐘，你的心思意念終將再度與你展開對話。

懷疑自己擁有快樂的能力

輕忽內心世界最悲慘的結果也許是，你不再允許自己擁抱快樂。就像米亞，你可能對開心提高警覺，相信應該要加以節制。你甚至可能不再知道自己喜愛什麼，徒勞於好像應該會有趣的事情。

一旦你與內心世界重建連結，你自然而然會將焦點放在讓你興奮之事。當你能及時享受快樂，快樂便會擴展且持續得更久。無論正面或負面，只要擁抱所有的情緒，你將深入探索自己，感覺自己變得更加完整，不再感到孤寂。

透過十種回應，捍衛你的情緒自主

在這一小節，你將學到如何保護自己的內心世界不受情緒不成熟父母的攻訐。這分權利應受到保障，因為在任何關係當中，彼此的內在都有受到尊重的權利。實際上，根本的人權概念就建立在對人們內在體驗的尊重之上。人權保障人類內心感受價值與美好的權利，而非僅限於外在的安全。

我們就來看看當情緒不成熟之人否定你內心深處的感受，予以嘲諷或攻訐，你可以做出的十種回應。透過這些回應，你主張情緒自主並捍衛表達的權利，同時也保障了捍衛內心世界的權利。當你允許自己忠於眞實的想法及感受，此後你所有的反應將與過往截然不同。

回應1：宣告你有權不回應

有時，不回應就是最好的回應。忽視不理或是把注意力轉移到別處，就終結了他們對你的觀點流露的輕蔑。不予理會是一種相當有效的權宜之計。對你不想看到的行爲相應不理，很能減低其發生機率。

回應2：不喜歡就直說

有時，情緒不成熟之人嘲弄你是因爲他們不懂得別的打招呼或社交方式。舉個例子，在一次家庭聚會中，莎曼莎的哥哥瑞克想用兩人小五時的方式打招呼，於是經過莎曼莎背後時，他就像小時候那樣拍了她的腦袋。

莎曼莎沒有默默吞下，而是起身跟上瑞克。她碰了碰瑞克的手臂說：「如果你很高興看到我，何不直接跟我說，而不是打我的頭？那樣會好很多。」

稍後瑞克聽到莎曼莎聊起她的新車，便插嘴問道：「車是什麼顏色？」「白色。」莎曼莎答。「喔，跟馬桶一樣！」瑞克調皮地笑了起來。聽他這麼說，莎曼莎露出了沉思的神色，然後說道：「瑞克，我覺得你是想找我聊天。我很喜歡我的新車，關於它，你有什麼真正的問題嗎？」瑞克被逮個正著，當下一陣令人尷尬的靜默，莎曼莎隨即去找別人聊天。

對於哥哥的戲弄，莎曼莎不再自認要「保持風度」。每次瑞克想這樣打招呼，她會立刻表示意見，要求獲得禮貌待遇。假如她覺得哥哥有意傷人，她會採取更爲強烈的反應，但她明白瑞克純粹是因爲很開心看到她才會這樣，他只是缺少表達的技巧。

回應3：以提問擋下對方的無禮之舉

如同莎曼莎所示範的，提問是讓無禮的對方了解你無意加入這場遊戲的好辦法。它打破了舊有的模式，把焦點轉向對方。

以一種實事求是——而非挑釁——的口氣提出疑問，可讓對方不成熟的行徑現形。面對戲弄，不妨如此回應：「好，你究竟想說什麼？」「你能告訴我，你是什麼意思嗎？」「我不確定我明白。你可以換個方式說清楚嗎？」不要語帶譏諷，口氣要保持平靜，誠心地表達你的好奇。（找時間用敵視和好奇的口吻，輪流說上面那三句話，體會其中差異。）

這些問句顯示你聽出了弦外之音，但不配合演出。你讓對方知道如果想損你，就得明說；你可不會自動詮釋。

在這種情況下，情緒不成熟之人往往會放低姿態，解釋自己只是開個玩笑。這時你可以說：「這樣啊……你可能覺得很好玩，但那種感覺其實不好。」或是：「好，我想想。或許你無意讓我難過。」不管怎麼講，你的目的是澄清他們的舉動，而非情緒性地反應。當你以中立的坦誠及好奇做出回應，彼此的互動也會暫告一段落。準備好主動改變話題來化解尷尬的沉默，彼此都會好過很多。那令人不自在的片刻是好現象，說明舊有的模式已被打破。

回應4：用側面因應取代正面反擊

改變氣氛可化解令人不快的場面。舉例來說，若有人故意讓你內疚或想指揮你，你可以保持輕快，讓那股負面能量轉向或反彈出去。你的反應就好像對方講了什麼正面的話。

舉個例子，傑登正準備上班，父親開始念他穿得不夠正式。傑登滿臉笑容，一邊拿東西準備出門，一邊不斷重複：「老爸，拜拜！愛你喔！」他選擇轉個方向回應，而非自覺倒楣。

回應5：用幽默對決冷嘲熱諷

情緒不成熟之人感到嫉妒時常會冷嘲熱諷。這裡就有一例。愛麗絲有一場重要的畫展在爸媽居住的城市舉行。母親這樣介紹女兒給朋友：「這就是我古怪滑稽的藝術家女兒！」愛麗絲縮了一下；她並不這麼看自己，更不希望自己這樣被介紹出去。

情緒不成熟之人喜歡故意在人前這樣嘲弄你，讓你不好當眾反駁。此時最有效的方法是，坦然接受，自得其樂。愛麗絲笑著跟對方握手：「沒錯，就是我！」中止了母親的戳擊。

靠著鎮定與幽默，愛麗絲沒讓母親藉著戲弄她而喧賓奪主。她以不回應繼續站在主角位置，享受成功的歡欣。

回應6：捍衛表達感受的權利

當你在表達感受時，情緒不成熟之人常表現得好像你太過敏感，不知輕重。長久被貼上小題大作的標籤，很多情緒不成熟父母的子女長大後，習慣以「只不過是……」來粉飾自己眞正的感覺。由於他們預期會被譏嘲，便乾脆自己先減輕話題涉及的情緒程度。

如果情緒不成熟之人說你太敏感，叫你別每件事都這麼認眞，請不要難過，儘管好奇地說：「好啊，那應該怎樣呢？」或者還可以進一步追問：「幫忙釐清一下，你不希望我認眞看待你講的話，是嗎？」

聽到「你太敏感了」，也可以平靜坦然地說道：「實際上，我只是夠敏感。」更深刻的答覆則像是：「如果不能跟你分享感受，我想我是誤解了我們的關係。」簡單一點的話則可說：「事實上，我認爲我的反應相當合理。」

回應7：聲明你有權想清楚

情緒不成熟之人總是嘲笑心思敏感者想太多，言下之意是：他們的話你該照單全收，其他的別多想。對這句輕蔑的「你想太多了」，我最愛的答覆是「我就是得考慮考慮」。如果你有討論的興致，不妨問道：「怎麼說是我想太多呢？」如果想結束談話，可以這樣說：「不，我想得不多也不少」、「其實呢，我只有必要的時候才會想」、或是「多想對我有好處」。

情緒不成熟之人總喜歡衝撞別人的情緒，隨後就跑掉，你若停住腳步，深入他們的企圖，將來他們嘲弄你的機率就會比較少。

回應8：捍衛你難過的權利

情緒不成熟之人常不假思索地指出你的那些情緒和感受有多麼沒必要，尤其在你難過之時。他們自己一天到晚抱怨，卻理直氣壯地把你的煩惱講成無病呻吟。

情緒不成熟之人經常這樣「安慰」你說，你該爲你所擁有的感恩。如此漠視你的感受，實在很沒同理心。叫你別難過而要感恩，聽起來是沒錯，但卻不合乎人性。一般來講，因難過而被羞辱並不會讓我們覺得好過，同理心才會。

再舉一例，當你煩惱你的財務狀況，情緒不成熟之人可能會提醒你記住，你有工作何其幸運，看看有多少人找不到工作。不用說，這番論理除了否定你的感受外，毫無任何效果。中立的答覆可以像是：「有工作我是很感激，但眼前我仍得面對我的財務問題。如果能跟你談談會有幫助，你願意嗎？」這樣即可把談話導回重點，沒讓他們對你的憂心充耳不聞。

回應9：捍衛你的問題的正當性

情緒不成熟之人老愛說還有人比你更不幸。舉例來說，某女士的母親年幼時因戰爭當過難民，每次見到女兒心煩就會說：「你有什麼好抱怨的？每天有三餐可吃，也沒人想殺掉你。」爭辯沒有意義，但你可以說：「我十分珍惜我的生活，我也知道有人過得很慘。但這是我現在面對的問題，你寧可我不要告訴你嗎？」

回應10：確認你有那樣感受的權利

有時候，情緒不成熟之人會直接講「你不該那樣覺得」或是「你沒必要難過」，藉此否定你的感受。那意味你的情緒不應該存在或是不正常。你可試著保持眞我，深思熟慮地說：「我不懂爲什麼我不能有這些情緒。」你也可以說：「一會兒之後我也許會好過些，但我覺得現在感到難過是很合理的。」你也不妨質疑其合理性：「你是說，多數人在這種情況下不會感到難過嗎？嗯……我很懷疑。」

記住，上述各項回應的目標是挺身捍衛你內心世界的正當性，而非去改變情緒不成熟之人。與其消極氣悶地反應，你也能主動積極地表示你有權這樣做、這樣想。講出來，就是宣示你與對方平起平坐。

在第二部分，你將學到如何運用內在指南，整頓心思，更新自我概念，以取回屬於自己的情感自主，尋得眞正屬於你的人際關係。

重點摘要

我們探討了情緒不成熟之人敵視你內心世界的手段和原因。你看到情緒不成熟父母以嘲弄、拒斥來貶低你的內在體驗，教會你懷疑、甚至否定這些。我們深入情緒不成熟父母如何影響你與自己內心的關係。最後，你學到十種方法，捍衛自己有各種情緒與觀點的權利。

【第二部】

解除舊有模式：讓情緒重獲自由，開心做自己

在第二部分，你將學會關心自己，不再受到情感脅迫和害怕遭拒的牽制。你將懂得保護自己的權利去做自己，去過自己的人生。你會學到怎麼捍衛情感自主和心智自由，讓自己的思想及感受都能隨心所欲。你將不再否定自己的需求，並掌握到不斷成長的新技巧。

我很高興能跟你一起努力解除舊有模式，因為我從太多個案身上看到神奇的轉化。我熱切期待你能擁抱內心世界給你的一切，以及因此而來的精采人生。

7

呵護你與自我的關係：信賴內心感受的指引

準備與自己建立關係，這樣的想法很奇怪嗎？你也許會想，我一直都是我，我幹麼要跟自己建立關係？那究竟是怎麼回事？然而，那是你所有關係中最基礎的一環；那決定了你的快樂、成功、與他人的眞誠聯繫。你越了解自己，越珍惜自己的內在體驗，就越能理解和珍愛他人。

遺憾的是，因爲成長於情緒不成熟父母身邊，因爲他們輕忽你內心世界的價值，導致你可能一直都忽略了這一塊。現在，這塊與自己的重要連結，需要——也值得——你的全心對待。

輕忽內心感受所造成的影響

如果小時候你的內心世界遭情緒不成熟父母否定或蔑視，你可能會認爲自己不值得被人看重，你甚至會相信自己的心思不值一提。我在做心理諮商時看過太多了。個案來此爲的是處理問題，但卻經常自嘲地說：「我知道這很愚蠢，不過……」或是：「這不過是一件小事，我實在羞於承認。」他們認爲自己的想法不夠正當，恥於自己種種強烈的情感。來看看梅洛莉的例子。

梅洛莉的故事

梅洛莉來找我是因爲公司整併，導致她失去職位。其實她早有退休打算，錢不是問題，問題出在她不知道沒工作以後該怎麼辦。她沒有嗜好或興趣，家人也都住得很遠。這輩子以來她首次能隨意做她想做的事，但她卻什麼都想不出來。不知如何是好的念頭令她驚恐。她說道：「完全沒有任何事能讓我感到有熱情。」

有一天，梅洛莉豁然理解自己何以在工作外找不到樂趣。她的父親主宰了一切，情緒起伏很大，總愛嘲弄家人，指揮每一件事情。「我忽然明白，」梅洛莉說：「我父親老是貶低我，我想做的每一件事都被他說得一無是處。」即便女兒已經成年，他仍要反對梅洛莉做新的嘗試：「你太老了。幹麼要做那個？你不會想做的。」

梅洛莉十歲時有一次跟父母去藥局，爸爸發現她正盯著一本娛樂雜誌，立刻大聲叫她媽媽：「你看她在看什麼！你看看！是不是很可笑？」然後跟女兒說這不是她要的，就迅速把她帶開。

梅洛莉很怕爸爸的嘲諷。「從我還小的時候，他的譏嘲就影響我很深，我很怕坦露自己眞正想要什麼，結果後來就再也無法感受到這些東西。我從不知道自己是誰。每當他發現我想要什麼，就會說那東西膚淺又愚蠢。我一直不明白自己爲什麼不像別人一樣有什麼熱情或愛好，但我現在懂了。」

「我學會把自己有嗜好的那一塊藏起來。最開始我是不讓父親發現有這塊，但經過多年的羞恥感，最終我自己也眞的不曉得自己的興趣所在。」梅洛莉分析道：「每次有人問我喜歡什麼，我總答不上來。我就只說我不在乎，因爲我很怕自己的答案會是錯的。」過往的羞辱，讓梅洛莉無法信任自己內心提供的線索。

成年後，梅洛莉能反抗父親，獨立而成功，果決而能幹。但在個人情緒層面，像是發覺自己的熱情，她依然感到壓抑。每次一對什麼產生興趣，她就立即阻止自己。長期以來，她下意識讓父親決定了自己與自己的關係，直到她離自己太遠，再也不曉得什麼能讓自己開心起來。

當你壓抑想法和熱情，你的內在就會萎縮。很多人爲了塡補這塊眞空，拚命投入各種活動與人際關係。然而當你輕忽自己的內心，任何外在的人事永遠感覺不夠；原該是熱烈精采的內在奇境，如今卻是一片荒蕪，絕非任何外在活動所能塡滿。

像梅洛莉的爸爸這類情緒不成熟父母會讓你相信，別去看重內心的任何事。這種自我背棄降低了你的自我價值，模糊了你的生存樂趣。而一旦你明白內在體驗其實能鼓舞人生，值得重視，一切將從此不同。從事心理諮商多年，我多次目睹人們在重新認識內在的能量時，煥發出的那種輕快明亮、自由自在。黛安娜・佛霞（Diana Fosha）稱這些感受爲「核心狀態」，意指當心理諮商成功，這部分便可獲得修復。正如一名男士所形容，他的全新自我意識有如「終於越過高牆」。當我問他在牆那端找到什麼，他微微一笑：「應許之地。」

讓我先扮演魔鬼代言人問一下，是誰說眞有所謂內在自我？是誰說內心眞的很重要？我們怎麼知道內在自我値得培養和信賴？我們已經看到情緒不成熟父母總在第一時間貶抑這個內在，那麼又有什麼證據可以證明內心世界與內在自我眞的存在？

內心世界是眞實不虛的存在

我們普遍都承認內心世界的存在，並在生活的各個層面仰賴它，否則我們根本無以談論人類的生存和運作。然而我們所不知道的是，我們究竟仰賴自己的內在體驗到何種程度。

你的內心世界決定了你人生最重要的信念與抉擇——你認爲自己是誰、你相信什麼，以及你渴望什麼樣的未來。它鼓舞你成爲你想成爲的那種人、指引你教導孩子，以及尋求人生的意義。內心世界非常實際，畢竟有什麼比了解自己生存所需更爲基本的？它跟任何具象事物一樣眞實。

當我們談起某人的信心、意志和自尊，彷彿那都是眞實存在的，而實際上也確實如此。信賴、信仰、樂觀、「照著直覺走」，同樣也是。解決問題、靈感湧現、釐清事情，內心世界是這一切的泉源。

教育是頗受看重的內在追求。你渴求受教育，好讓自己更進步，這個動機即出自內心；好奇、企圖心、自我反省也都是。一旦缺乏指引你向前行的內在知識，我們便不可能去設定目標或展望未來。即便我們身處外界的壓力和誘惑之下，仍能做到探向內心、勾勒願景和規劃細節。這種評估生活的價值和決定將來我們會過得如何的內在能力，就是使我們得以改善人生的力量。

要不是自我與內在世界確實存在，你不可能獨立自主或交到朋友。你所有的能量、幽默、熱情和利他主義，是來自內心；你能公平待人、獻上忠誠，是來自內心；你希望愛人、改善世界，也是來自內心。你存在的意義，只能從內心找到。

內心世界帶給你韌性，讓你能夠度過難關，最終達致成功。常識、愛心和感激，是內在給你的禮物；順應與堅忍也是。我們也認爲耐心、勇氣與不懈等內在力量非常眞實，因爲我們每天都能親見它們的展現。

假如你仍懷疑這些內在品質是否眞的「存在」或該不該當「眞」，不妨想像一下：沒有它們，你的人生將是什麼模樣。你恐怕想像不出來，因爲它們不僅爲眞，對人生的重要性更完全不亞於任何外在事物。只因情緒不成熟之人貶低你的內心世界，不代表它對你的人生不重要。

定義你的內在自我

「內在自我」這個概念不容易用文字說明，但每當我提到它，卻從未見過有人一臉茫然。我們都感覺得到自己內心的獨特性，有時似乎能讓我們跳脫日常的憂慮。我們切切實實地感受到它的同在。現在我們就來解釋何謂內在自我，並且看看它是如何構成的。

我所謂的內在自我有很多常見的名稱：靈魂、心靈、內心、眞我。各家學者也曾用不同名稱描述此內在生命力，像是自我、核心狀態、眞實自我。

我喜歡用內在自我，因爲它簡單明瞭，不會混淆。每次我這麼形容，聽者顯然都很能意會。內在自我是內心的見證人——你存在的核心——它吸納整個生命卻毫不改變。內在自我是你在最深層面知道的那個自己。它是你獨特的個體性，潛伏在你的個性、家庭角色和社會身分之下。

儘管內在自我無法得見、衡量或觸及，它卻在最深之處支持著你；如果與之解離，你將感到空虛。它就像一位忠誠且充滿智慧的內在好友，永遠以你的最佳利益爲先。它住在你的內心世界，經由你的內在體驗與你交流。

你如何透過內在自我的指引受益

內在自我會透過以下指引爲你提供保護，並豐富你的人生。

讓你對感受更具警覺性。內在自我透過你最深層的感覺——而非只是不痛不癢的表面反應——把你推向安全之處。當你碰上能讓你發光發熱的事，它會給你能量；若眼前的事將使你感到厭倦、無聊或沮喪，它會叫你走避。若有潛藏的危機或剝奪，它還會經由警覺、害怕或恐慌來警告你。

讓你勇敢相信直覺。內在自我能直觀事物的本質或他人的意圖。有些事你就是知道，因爲你有直覺。當下你會說「我懂了」、「我明白」，或瞬間了然一切。情緒不成熟之人也許會想盡辦法說服你擺脫這層意識，但內在自我就是對一切瞭若指掌。

啓發你的洞見。這些具啓發性的想法有別於日常雜亂無章的思考。內在自我所激發的洞見，比你的一般想法更加深刻。當你能夠洞悉事情，你便可清楚的推理，並且看透問題的本質。洞見讓你能解決兩難，剖析因果，想出創見。這種被激發的洞見往往會在你做別的事情時憑空出現，像是走路、沐浴或開車。

成爲生存上的指引。具體而眞實地生存著，或許是與內心世界有緊密關係最極致的好處。最卓越的倖存者擁有強大的內在自我，在面臨絕境的時刻，他們即轉向內在自我求助。豐富的內在世界，幫助倖存者發揮幽默感、利他之心、想像力、意義及樂觀，因而能順利生還。如同勞倫斯·岡薩雷斯（Lawrence Gonzales）說的：「要生存，你一定要找到自我。那時，情況再難都沒有關係。」

練習9

回想你得到內在自我指引的經歷

利用下列提示，隨便幾個都行，在筆記本中寫下你曾聽從內在自我指引的經歷。如果一下子想不起來，就花點時間慢慢想。我們多半都曾在某個時候碰過這種情形。

1. 有一次你聽從自己的感受，結果你對了，儘管別人沒發現。
2. 有一次你當下立刻知道該怎麼做，儘管你無法解釋理由。
3. 碰到一個久久無法解決的難題，辦法忽然閃現。
4. 有一次直覺保住了你的安全、甚至性命。

你的例子或許很平常，或許很極端，但都是你內心那遠大、明智的指引存在的證據。

與自己建立更好關係的五個途徑

如我們在第六章所見，情緒不成熟之人把你的內心世界貶得一文不值。如果你受其影響，就會錯失內在自我經由感受、直覺和洞見所帶來的智慧。你可以透過以下五個途徑，與你的內在自我重建信賴與尊敬的關係。

1. 留意內在的具體感受

就像梅洛莉，你的成長過程可能讓你這麼告訴自己：「那完全不合理；那太瘋狂了；我在小題大做：我不該有這種感覺。」但有時，身體的感覺就是堅持不退。這些具體線索能給你無比豐沛的珍貴資訊。

加強內在指引的最好辦法之一，就是留意所有身體的感覺。你的內在自我透過身體說話，以保護你為最高宗旨。身體隨時在為你提供最新的「國情咨文」，讓你知道你的身心需求是否獲得滿足，抑或是遭到漠視、甚至威脅。

想與自己建立更好的關係，你有時得學會留神自己的身體感受。許多情緒不成熟父母的成年子女因為過於受到想法的羈絆，以致無法感受到身體的訊息。他們眞的沒注意到自己很緊繃、壓力很大、不舒服、甚至害怕。即便在開心時刻也無法盡情歡笑，因爲他們已經離自己的感受太遠。情緒不成熟父母討厭內在世界，便說關心身體的感覺根本是在浪費時間。但是他們錯了。以下就是一些以身體感受作爲絕佳指引的線索。

開心之感

當你走在正確的人生方向，你可能會覺得充實溫暖，胸懷舒暢，肩頭輕鬆，世界變得比較輕快、明亮和自由，而你也是。你感到生氣盎然、體能充沛，似乎做任何事都難不倒你。心理諮商學家戴安娜．佛莎（Diana Fosha）已經證實，這些令人振奮的時刻，就是情緒療癒最可能成功之時。

身體警訊

內在自我也會用身體感覺來警告你。舉例來說，當你覺得胃部緊縮、肩頸僵硬、背痛或手臂緊繃，可能就是身體在提醒你做得太多或是過於壓抑。或者當你見到某人，頓覺一陣嫌惡或是起雞皮疙瘩，因爲此人正想侵犯你的界線。疲乏、厭倦、焦躁、甚至反胃，也是內在自我在試著警告你，你碰到了消耗能量的人與事。

能量轉換

內在自我很會用能量充滿或者耗盡的感覺來指引你。當你遇到某些人、事、物，能量不是升高，就是下降。升高代表你找到喜歡的事，而當能量低落，眼前的人或事八成對你沒好處。

然而，焦慮是例外。如果你在情緒不成熟父母身邊長大，你大概會學到對有益於你的事感到焦慮。舉例而言，若成長過程一直覺得被冷落或排斥，你便可能以焦慮面對所有的情境。所幸，你可以藉著不斷與可靠友善的人相處來減低這種人際焦慮。

消沉感也是利用能量，讓你知道眼前沒什麼能滋養眞實的你。這好像根本不用講，但我們卻經常發現，明明感到能量陡降，我們卻還是硬著頭皮去做，告訴自己這樣才對。長此以往，帶給你的只有壞處。

2. 找出這些感受的意義

情緒不成熟父母所知道的同情，就是告訴小孩沒什麼好難過的。他們一再漠視孩子的感受，以致孩子決定獨自承受一切。舉個例子，情緒不成熟父母只會告訴嚇壞了的孩子說：

「沒什麼好怕的」，卻完全不傾聽小孩驚嚇的原因。說對方沒理由有那樣的感覺，大概是叫一個人疏離自我最嚴重的話了。

當父母教你忽視感受，無異表明你的內心世界不重要。這會破壞你與自己的關係。而遭拒的感受不會離開，只是潛藏到底層，待累積到一定程度，就會展現爲典型徵候，如憂鬱、焦慮或失去控制。

所以說，留神你的感受絕對有好處。回想你在升起某種感覺之前發生了什麼事，相信背後必有道理。當你嚴肅看待你的感覺，就是在告訴內在自我：儘管跟你說話，你會認眞聆聽。

3. 不要批判自己

成長於情緒不成熟父母身邊會讓你非常容易自責，因爲他們認爲，批評是教你學會負責的唯一方法。結果是，你覺得自己永遠達不到目標，永遠需要改進。你不斷挑剔自己，直到形成破壞，而非建設。

就像你的父母，你也許相信自我批判能改進自己。但就像攻擊孩子的自尊不能提高他們的自信，批判自己也不能讓你變得更好。這絕不是與自己相處之道，反而會讓你的人生陷入焦慮的依賴，只在乎別人如何看你。

與其批判自己，何不想想你能如何改進，研擬步驟，尋求支援？即使對過去感到後悔，也不必舉行審判。當你希望自己當初不要那樣，就已經學到教訓，因此你應該帶著新的理解原諒自己。

練習10

讓自我批判現身

每次當你想到什麼貶低或有損你自己的事情時，請加以留意。假如那出自別人口中，會是什麼感覺？深深感受一下這番自我批評，並寫下你有什麼感覺。在自我攻擊時逮住自己，就能馬上做出改變。舉例來說，「我到底做了什麼蠢事！」可以改成：「我要努力別再這樣。」看你可以正面地改掉多少舊習，並享受這份喜悅。

4. 確認自己所需

當你從小被訓練要以他人爲重，到最後，你可能連自己最基本的身體需求都忽略了，包括休息、睡覺、玩樂。早年養成的自我忽略，意味你現在可能需要有覺知的努力照顧好自己。

情緒不成熟父母也可能影響你對健全社交的認知，因爲他們常爲了自己而讓孩子在情緒上受到孤立。當你留意內在自我的驅動，可能就會發現自己遠比自己以爲的需要更多的社交往來、群體活動和社群參與。好在，隨著與自己關係的進展，你會有更高的自信，能更自在地尋找喜歡的社交場合。

5. 夢想人生的目的與歸屬

情緒不成熟之人見人追求有意義的充實人生，總愛嗤之以鼻、冷嘲熱諷。他們與自己的內心十分疏離，不能明白做白日夢有什麼用處。而當然，做白日夢是打造充實人生的重要基礎。

你的內在自我敦促你做夢，要你想像你正處於更適合自己的新天地。也許你還不知道自己的人生目的或需要的環境，但當你開始內省，就會覺得更有活力、充滿希望。無論是誰，要找到更有意義的充實人生，都要從做白日夢邁開第一步。

珍惜內在體驗，重視自我呵護

情緒不成熟父母教養出來的成年子女往往容易忽視自我保護及自我照料，因爲他們從小學到的是，美德始於以人爲先。你或許需要重新審視內心的價值，以充分保護並照料你自己。以下是把自己擺在生命之首的五個路徑。

1. 由你決定你的價值

你可曾好好坐下來，認眞思考你和你的感受究竟有沒有價值？想必大多數人不曾如此做過。他們可能根據當下來感覺值得或不值得，卻不曾確認過自己身爲一個人的內在體驗有何價值。情緒不成熟父母從不鼓勵這種自省，他們只想把他們的認知灌輸給你。但這是你必須做的重要決定，因爲你若不認爲自己的內在體驗值得重視，又怎麼有動力自保或是關心自己的想法。你重視自己和你內在體驗的程度，決定了你允許自己此生擁有多少東西。

練習11

你有多重視自己的內在感受？

想擁有豐富互惠的關係，首先你得重視自己的內在感受。如果你覺得自己不重要或不有趣，那麼你大概也無法碰到重要或有趣的人。用下面的句子釐清你對自己的重視，馬上回答，不要多想。0到10分，給每個句子一個分數，0代表「我完全不相信」，10代表「我徹底相信，並且身體力行」。

1. 我值得被好好照顧。
2. 我值得被傾聽。
3. 我值得被深入了解。
4. 我值得率先考慮自己的需求。
5. 每次互動，我的感受都很重要。

從你的答案，你可以看出自己接受別人輕慢的程度，因為你對自己就是這樣的態度。如果有某句話的得分較低，就表示你可能得培養更支持自己的態度。如果你察覺自己在哪方面輕忽了內在感受，以此體認回頭努力，與自己建立更忠誠的關係。

2. 感受沒有對錯，值得你好好保護

你若曾經珍愛過某人——尤其是小孩——你就知道看見他們被欺負的感受。你會湧起一股保護弱者的義憤，想要出手相救。那麼，你對自己能否有同樣的感覺？

許多人不認爲自己有資格保護自己，以致默默地讓自己陷在厭恨當中。很遺憾地，這股厭恨之情被動又消極，無法幫你保護或照料自己。一開始，想自我保護的本能也許有點嚇人，因爲它們以這些強烈的感受現身：不滿、憤慨，甚至敵意。但它們只是情感信號，指出有人意圖控制或指揮你。這些感覺是在告訴你：你的內在感受很重要，務必好好保護。

3. 珍視你的內心世界

小孩會從爸媽是否關心他們的內心世界，了解到自己的價值。你的內心世界受到多少尊

重及歡迎，你就覺得自己受到何等重視。告訴自己下面這些話，藉此與自己建立支持的關係：

- 你的內在感受很重要：對你自己的想法、感受和夢想表示興趣。
- 你的內心世界值得捍衛：忠於你的感受，每遇威脅，務必挺身保護你的興趣。
- 你的想法和感受跟他們的同樣重要：受人使喚前，先呵護自己。
- 你是無心之過：若你犯了錯但不願羞辱自己，記得不要因此譴責自己。
- 你的內心世界值得受到關懷：傾聽你的想法及感受，認眞看待自己。
- 你值得花時間相處：享受你自己的陪伴，只做那些讓你眞心感到愉快的事。

假如你需要更多證據來證明與自己的內心密切相處有多麼重要，請想想那些珍視自己的興趣、認眞關懷內心感受的成功人士。知名演員、諾貝爾獎科學家、偉大的音樂家、聞名於世的藝術家，我們支持他們的自我重視。沒人質問過他們該不該如此重視其內心。我們從未質疑他們是否該這般保護他們的時間和心力，免受他人干擾。對於我們自己，我們該做得更多。

4. 重視自我呵護，扮演自己的好爸媽

重視自我呵護，是重建荒蕪的自我關係的好辦法。就像充滿關懷的父母會做的一樣，你可以支持自己追求發光發熱的人生，而非僅求生存。你可以只因活著而珍愛自己。以充滿愛的父母會對你做的一般來珍愛自己，即可抹滅對自我價值的既有懷疑。忠於自己，你便給了自己不帶批判、毫無條件的支持，像全心奉獻的父母會鼓勵你投入你的自我發展一般。

扮演自己的好爸媽，你便扭轉了世代以來低自尊及自我漠視的創傷。能看清珍視內心對人生品質有何影響，你也許是家族中的第一人。

扮演自己的好爸媽，在感覺孤單、沮喪、徬徨或忍不住自責的每個時刻，擁抱自己。別只想著支持的念頭，試著在筆記本上寫下來，一邊輕輕或大聲地念出來。聽到自己的聲音在給自己打氣，具有很奇妙的鼓舞作用。

練習12

安撫你的內在小孩

每當你感到徬徨、恐懼或痛苦，把那些感覺寫下來，接著大聲念出你擔心或害怕的每種結果，再怎麼微不足道都無妨。像個小孩，老實說出你害怕會發生的事，尤其怕被視為不夠格或很差勁。只要承認自己的恐懼，它們就不再那麼嚇人了。寫出某些恐懼也許會讓你不好意思，但別停住，那真的有效。

等你寫下所有的擔憂之後，對內心深處那個擔心受怕、徬徨無助的小孩送出疼愛。再以充滿同情的爸媽口吻，與自己書寫和對話。先提醒自己，每個人都有徬徨無助的時刻，有此感覺十分正常。認真看待這些恐懼，向自己保證你並不孤單，你將得到你需要的協助。給你的內在小孩這類安撫，是讓自己更接受自己的絕佳辦法。

5. 經歷內心世界，獲得情感更新

值得慶幸的是，當今社會對內心活動的接受度高了很多，包括靜坐、正念、寫札記。在這些強化自我關係的活動裡，科學家發現了身心方面的正面效益。專注內心的活動能減輕焦慮，帶來平靜，讓你感受到活著的歡喜。這些練習讓你不再受情緒不成熟之人的情緒接管，能更有力量捍衛你的內在生活。

正念。在日常生活中即可練習正念。只需保持當下的意念，並融入隨時襲來的感知當中。這麼做，你會感受到全然臨在當下的清明。

你可以試試這個正念練習。花兩分鐘，以前所未有的關注查看你的手。儘量留意每件事：手的外形、味道、粗細、紋理、線條、暗影及淺色部位。按下柔軟和堅硬之處，感覺其溫度。你能辨識出幾種顏色？只管繼續留意新的層面，體驗其真實性，直到你設定的時間到來。注意在那之後有什麼感覺。

靜坐。靜坐以一種專注投入，能補充和放鬆心靈的方式，協助你體會內在世界。伴隨靜坐而來的許多身體上、心靈上、情緒上的效益，已獲多方肯定。你可以參加靜坐課程，或使用線上靜坐網站、應用程式（像是Headspace或Insight Timer）。靜坐涉及閉眼安靜坐著，放鬆身軀，拋開雜念，專注呼吸，任思緒來去而不加以攀附。靜坐顯示，當你抽離外在世界，即可發現心中有著廣大境界，獨特而充滿生機，源源不絕。靜坐讓你直接體驗到內心世界的眞實不虛。

寫札記。記下你的想法、感受、觀察和夢境，能讓你更貼近內心的活動。作家、科學家、旅人、探險家，無不透過記事來強化感知，鍛鍊思考。你也能藉由《用心做夢》（*Mindful Dreaming*）這類書籍，探索夢境能如何引導你的自我發展。

現在你已知道要把與自我的關係列爲優先，接著我們要看看如何清除你心中的錯誤設定，正確更新你的自我概念。

重點摘要

為了與自己建立良好關係，向你的內心稱頌，讚美它對你人生的貢獻。過去，你也許為了滿足情緒不成熟父母的要求而忽略自己的內心；現在，你大可小心珍惜，視它為自我指引和自我呵護的重要泉源。任何自我疏離皆可逆轉，只要你做到：重新正視內在的線索，矢志珍重保護自己，並透過靜坐、正念、寫札記提升與自己內心的連結。

8

淨化心靈的藝術：
為自由思考騰出空間

如果你傍著情緒不成熟父母長大，當你的想法不同於他們時，可能會遭到斥責，於是你學會在他們面前要有所掩飾。如今你或許能拒絕接受他們的信念，卻可能依然極端留意他們的反應。而要脫離他們的影響獨立思考，讓你的心智重新自由發揮，為你自己的興趣和目的運作，是有可能辦到的。精神淨化就是這段路途，在過程中，你會釐清哪些思緒眞正屬於自己，哪些則是來自別人。

當心靈屬於自己，你便不需擔心別人的評斷而能夠客觀思考。你從心靈深處知道事情是否合理。當你的思緒清晰，也得到內心的肯定，就不會因謬誤或內疚而動搖。若有獨立意志和情感自主，你就能自由判斷，即便情緒不成熟之人不斷教唆你該怎麼想。這種兼顧自己感受及內心意志的清楚思考，乃是「情緒智能」的核心。

羞恥和內疚會扼殺自由思考

能在內心深處任意思考，是個體性與主體性的根基。儘管情緒不成熟之人可能想使你內疚，但你的思維卻不會傷害任何人。思維是一種內在活動，而非人與人之間的事件；思維會為了生存、安全和快樂而從本能升起，不受控制。它們是私人的、未經修飾的心智本質，無所謂好壞。情緒不成熟之人卻要評斷你的思維，以確保你與他們的信念一致。

約翰的故事

我的這名個案約翰儘管叱吒職場，在面對女友時卻很難明快和果斷。爲何在女友身旁總拿不定主意，有一天他終於有所頓悟：

「成長過程中，我不僅常爲我眞正的想法感到羞恥，更從來不能把它們藏在心裡。有念頭總是不安全的，因爲我父母喜歡玩一個小把戲：碰到什麼就要套出我的想法，然後大肆批評。除非這些念頭合乎他們的觀念，否則就等著被奚落成荒謬、怪誕或走岔了路。我一直努力不讓他們知道我的想法，因爲他們一定會立刻切換到審判模式，摸著下巴說：「現在，我們該怎麼看約翰這個想法呀？」我覺得他們的裁決要麼是「這個想法不錯，我們同意」，要不就是「這個意見一無是處，你這個白癡」。

就像約翰這例子顯示的，儘管你根本什麼都沒做，仍會被教導成要對自己的想法感到羞恥和內疚。小時候有那麼幾次，約翰反駁了媽媽，結果媽媽完全不再和他說話，讓他為自己有主張而付出慘痛代價。「那時我對她而言跟死了沒兩樣，直到我不再犯為止。」他說。當你知道你的想法可能遭來一頓痛斥，你就很難嚴守立場。情緒不成熟父母就是要覺得自己都對，若你膽敢不表贊同，你就有得受了。

身為一個成人，有事不自己想卻只聽他人的意見，對自己一點好處也沒有。然而你就是這樣被教育長大的，情緒不成熟父母在你沒先問過他們而有自己的主張時，就認為你不受教或自私。

在情緒不成熟父母眼中，自由思考等於不忠

情緒不成熟父母只關心一件事：他們有多重要，有多受到尊重，是否掌控全局。那麼，當你有自己的想法和意見時，會怎麼樣？他們會視你為不忠。在情緒不成熟之人非黑即白的心中，你有不同意見，意味你不可能同時敬愛或尊重他們。於是你學會在敏感的爸媽面前藏起真正的想法。很遺憾地，跟約翰一樣，你可能努力太過，連自己也蒙蔽過去，這樣你才不會覺得自己是個壞蛋。

小時候，情緒不成熟父母說你不能有某些念頭，導致你對自己的想法心生罪惡。我有些

個案記得自己被父母斥責「這種事想都不可以想！」或「你竟敢有這種念頭！」時，當下有多麼震驚與羞愧。父母的言外之意是：只有跟著爸媽的標準看事情，才是正人君子。而當情緒不成熟之人唆使成功，讓你畫地自限，自絕主見，你的意志就被接管了。

然而，以想法來測試一個人的愛與忠誠，無疑是在濫用心智。當你的第一個念頭是：「我這樣算忠誠嗎？」而不是：「我對這件事的想法如何？」你就無法正確思考，只能七拼八湊些東西，以滿足情緒不成熟之人的要求。你的心智遭到情感脅迫，只知道嚴密監控自己的思想，以避免遭到羞辱，並保護他人的自尊及安全感。

艾希莉的故事

艾希莉心情沮喪且筋疲力盡，除了業務工作超級繁重外，她還得隨時應付住在老人院的母親。母親譴責她沒有每天去電，更沒有經常探望。母親這麼不體諒讓艾希莉頗爲氣惱，卻又不敢畫下界線，因爲她的心裡不斷浮起內疚：「媽只有我了。」其實艾希莉的母親住的環境饒有生氣，社交生活也很活躍，但艾希莉卻認同母親的看法：只要母親有需要，自己就應該衝第一。而她媽媽有事時的反應就像個兩歲小孩，會推開所有好心人，堅持只要媽咪或爹地。

所幸，艾希莉能夠淨化心智到足以明白：第一，她不是母親的父母；第二，母親沒有權利指定要誰幫忙；第三，雖說她負責照顧母親的事宜，但在自己有全職工作的情況下並不能任憑使喚。這番想法上的釐清，讓艾希莉終於能喘息一下；而在能先考慮自己而無須自覺不忠之後，她變得比較心平氣和，也更樂於了解母親的照護情況。

情緒不成熟父母企圖掌控你的思想

情緒不成熟父母深信自己有權任意指揮你的思想。他們從不尊重你是一個個體，有思考的權利。下面的圖解顯示這類父母如何將他們的問題塞進你的腦子裡，並不留多少思考餘地給你自己。

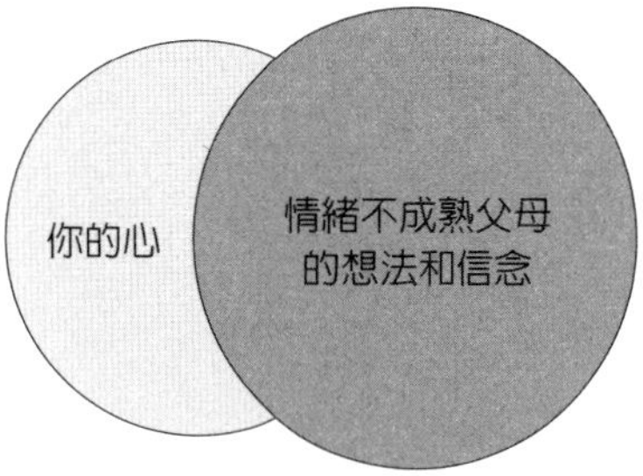

上頁圖左邊圓圈重疊部分，可視爲你的心被情緒不成熟之人的意見蓋住之處。他們強行霸占，如今你變得只會顧慮這些人對你想做的事會如何反應。你應該看得出來，這種精神接管到成年階段會造成什麼問題，就像約翰與艾希莉。面對情緒不成熟之人的壓力，你可能覺得無法想到自己，因爲你沒有整顆心可以讓你自由思考，就如以下圖示。

這個被削弱的心靈空間會產生一個大問題，因爲創意的想法首先要能自由出入整顆心靈，畢竟沒人知道下一個點子會從哪兒冒出來。而當你迴避可能觸犯某個情緒不成熟之人的想法，你的創意和解決能力便隨之萎縮。想成爲優秀的難題解決者，你不能因爲怕惹到沒安全感的某人而限制自己的想法。話說回來，當你釋放心靈，掙脫情緒不成熟之人的束縛，你的心靈將彈回到原本獨立與完整的狀態（如下圖所示），你的點子也將得以自在激盪。

拿開情緒不成熟之人所施加的壓力，你的心可以獨立思考的部分。

練習13 心靈受限是什麼感覺？

看著上頁第一張圖——新月之心——寫下你的思想在這種限制下會是什麼感覺。也許你可以回想某個情緒不成熟之人曾想主宰你的思想之事。如果有，也把它寫下來，並想想看那帶給你什麼樣的感受？

彼此相互尊重的關係，前提是雙方都有自由思考的空間。當彼此都能以整個心靈自在思考，不批評或修正對方，就是最美好的關係。從下圖可見，平等之心如何相互理解，帶來分享，而非宰制。

你能接受自己所有的想法，就是成爲自己的一大步。爲自己而自由思考，僅僅這樣就是了不起的成長標誌。而在你覺得可以之前，無須把你的心情分享給情緒不成熟之人；過一段時間後，再用你感覺自然且自在的方式慢慢說

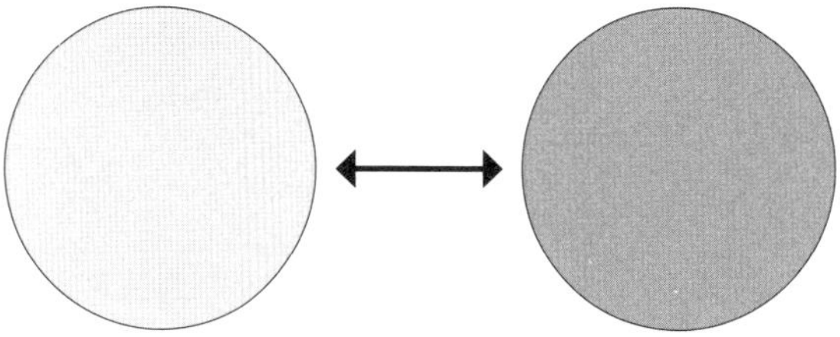

兩顆心分享觀念，不求主宰

出來。但不需要急。先把你的心拿回來。

不需爲了迎合父母而隱藏你的心思意念

情緒不成熟父母不僅指揮你的思想，還要你批判自己的想法。他們總是把思想歸類爲道德議題，一覺受到侵犯，便立刻譴責孩子坦然分享出來的念頭。看到父母一副受傷、受辱、驚恐的模樣，你知道你只能想法端正才叫乖。

這很重要：你得明白你無須思考端正。感謝上天，思想警察並不存在，你有絕對的權利任憑自己的心思意念馳騁。你最原始的念頭是你個體性的重要象徵，它能帶來解決問題的創意。

雪碧的故事

我的個案雪碧常感到內疚，因爲她的腦中不斷縈繞著對父母「不敬」的念頭。爲了不再爲此煩惱，她寫了一封從未寄出的「假裝信」，解釋自己何以絕少跟他們聯繫。

親愛的爸爸媽媽：

你們不懂我為何要與你們保持距離，但在我們相互不對等的情況下，實在無法維持正常的往來。你們總是嚴詞批評我，在你們身邊，我飽受傷害。我甚至不大喜歡你們。你們對待我的感覺彷彿我很笨，而實際上你們常那麼殘忍，在你們身邊我甚至無法思考，總是深感不安。如果我答應你們回去住，我會恨我自己，更恨你們。你們總說我不夠好或「你做得不對」，所以我絕對有權利遠離你們，因為你們對我很差。我有權離開，另找喜歡的人往來。你們沒有理由讓我感覺這麼差，就只因為你們高興。

能夠寫下真實的感受，讓雪碧大為放鬆。你也可以試著寫下心裡的話，承受當中浮起的任何恐慌和焦慮。透過這個方式，你就能練習接受自己的心靈。你絕無必要把它送給任何人。

就算被人看穿想法也沒關係

小孩往往不知道他們擁有精神上的隱私，以為別人可以看穿自己，知道自己的祕密。爸媽說「我知道你在想什麼」或「我腦袋後面也有眼睛」時，孩子會信以為真。長大後，他們可能仍不理性地擔心別人會知道自己對他們有不禮貌的想法。但事實是，人們無法得知你的念頭，除非你的神色或舉止有異。詐欺高手即深諳此道。

小孩不僅害怕自己的想法被發現、然後被處罰，他們更不願意因此傷害到爸媽。情緒不成熟之人的小孩，其實非常清楚父母有多麼軟弱。一想到父母發現自己的念頭將會多麼傷心，便讓這些孩子痛苦不堪。

要卸除這種不必要的擔心，辦法就是當著父母之面，刻意隨意亂想。這個方法看似怪異，但真能奇妙地提升你精神上的自由。舉個例子，當你聽著包括父母在內的情緒不成熟之人說話時，你不妨讓自己這麼想：「那完全不合理，你當我什麼都不懂就對了」，或是「我不用信你那一套」。透過聚焦在你自己的念頭上，你就把他們的精神控制推開並推遠了。你將開心地發現你可以任思想馳騁，而他們永遠不會知道。

想法不會傷人，行動才會

我有不少個案曾怕說出眞正的想法，怕這些念頭會傷人。這種恐懼是孩提時的後遺症，當時我們會擔心念頭成眞。小孩要花上許多年才會明白，想法並不會傷人。然而即便是成人也仍不免疑慮，因而在說出某些話之後就趕緊「敲敲木頭」，以免壞事成眞。

如果你還是暗中擔心，提醒你：很多身處絕境、情況比你糟上許多且眞正絕望的人，都無能讓他們最強烈的心願成眞。所以你不可能光靠意念成事，別人也無法讀透你的心思。若看來彷彿如此，皆是純屬巧合。

擁有自由的思想，對心理健康和獨立性非常重要。就算有些想法很「惡劣」，都是很自然且無害的，有其自己的生命。健全的人心思考無涯，聰明的人任思緒馳騁，不以爲意。有時，思想能有效澆熄怒氣；它不會傷人，也無法控制。我們能選擇要怎麼行動，但任誰都不能選擇下一秒會浮起什麼念頭。

你不會因有某些想法而變成壞人

很遺憾地，有些人說，想法跟行動一樣糟，但我認爲這是斷章取義地去解讀某些道理。

例如有人說：「你雖沒那樣做，但有那樣想，也一樣糟。」但那並不表示幻想就等於實際行動。面對自認高尚的虛僞與評斷時，千萬不要盲從。我們不能假裝心中從未浮起某些意念，因爲身而爲人，那是不可避免的。我們控制不了自己有哪些念頭，但是否實踐了那些念頭才是重點。

把自己的想法與父母的批評分開

如果你從小被迫要遵照父母希望的來思考，現在你可能得清除那些影響，確認哪些想法才是你的。哪些價值觀是從你自己的良知而來，哪些是被莫名地傳遞給你？哪些想法是黃金，哪些是垃圾？

淨化心智的過程很簡單：別相信任何讓你感到心一沉的念頭。很多人以爲自我批判的意念就是自己的良知之聲，實則不然。眞正的良知會指引你；它不會絕然地裁定你是好是壞。健康的良知能讓你改正或彌補，能滋長道德感。嚴厲的自我批判與自我譴責卻是自我指引的惡劣模仿，是小時候那些情緒不成熟之人僵化思考的回聲。良知應是你的指引，而不是用來攻擊你的武器。

我們眞正的思想，本質純淨，實事求是。它們只做該做的：幫我們解決問題，具有創意，保護我們，滿足我們的需求。

承繼而來的思想模式則不然，它們有專制感。那沉重的罪惡感告訴你，其根源來自早年的情感脅迫。逼迫你要表現完美，一犯錯就咒罵你，那絕不是你的本心；本心也不會叫你一定得服從權威。受迫、自我攻擊、罪惡感，都是你在飽受情緒不成熟之權威角色威逼後的精神遺緒。

對自己眞正的想法，以及已經被內化的來自情緒不成熟父母的批評，兩者間的不同，我的個案捷思敏如此說道：「我最近老聽到那股批評聲浪，我曉得那並不是我自己的心聲。過去我以爲是，但現在我能讓自己跟它分開。如今的我，聽到攻擊自己的負面聲音，便很清楚那並非來自我的眞心！」

拋開「我應該」或「我必須」的制約

每當你發現自己想著「我應該」或「我必須」，停住，自問你從哪裡學來這條僵化的規矩，然後再問你有什麼眞正的選項。前面提到的艾希莉就是這樣。她了解到她那「應當」之感，來自她覺得媽媽的需求比自己的疲憊重要，她承襲了「好孩子應該永遠以爸媽爲優先」的觀念。等她理性地考慮自己的極限，了解到照顧母親的需求並不是她想繼續下去的「應當」，讓她覺得好多了。

情緒不成熟之人的「應該」是要你犧牲自己，事事以他們爲重。假如他們眞是世上最重要的人，這個要求合理，但他們不是。所以你要自問：「如果不照他們的希望去做，我爲何會覺得內疚、差勁？」或者：「他們這樣要求，是值得尊重且合情合理的嗎？」透過這樣的提問，能幫助你穿透雜緒，合理看待全局。作爲成人，你該做的是照顧好自己的情緒健康，而非贏得別人的讚許，尤其當這人常不考慮你的狀況，只顧率性要求時。

將「我不能」變成「我可以」

讓孩子在童年時期感到內疚或羞恥，容易造成極度被動和抑鬱。這些剝奪自信的狀態是可以解除的，只要你能了解：問題出在情緒不成熟父母造成的情感脅迫。一旦確實指認，明白原因，就能以更眞實、更鼓舞自己的念頭來取代它們。

心理學家大衛．伯恩斯（David Burns）在其著作《感覺良好》（*Feeling Good*）中，分析憂鬱之人的思考模式，以及如何以認知性的自我療癒來轉化思維。無論憂鬱的起因爲何——身體或心理——這種思維都充滿著強加於自我的脅迫感，宛如你毫無選擇，只能接受你不甚滿意的人生。很多人心裡滿是這類來自父母極端的、非此即彼的雜亂念頭。

伯恩斯建議，可藉由主動想些比較積極合理、有彈性的念頭來消除抑鬱之想。其概念是訓練你的心智，用道理和洞察力，當下立即反擊那些極端或毫無希望之念，就好比辯護律師盤問對方證人一樣。

伯恩斯的這種自我療癒之所以有效，是因爲它幫你抓住自己想法充滿失敗、不切實際的根源，促使你主動而有意識地改變它。你能做的不是只有全盤接受那些令人喪氣的思維，相反地，你可以將它們指認爲負面想法，並盡力去對抗種種扭曲的人生觀。你能把絕望、挑剔、退縮的意念，轉化爲比較合乎實際、充滿希望的觀念。

舉例來說，當你浮現削弱意志、過度誇大的想法，譬如：「我永遠完成不了這件事」，你可以拉住自己，轉而改爲比較實際的念頭，譬如：「每次做一點，最終我一定可以完成這件事。」當你想著：「我眞的把那件事情搞砸了，我什麼都做不好」，停住，自問實情眞是如此嗎？（不是。）繼而幫自己打氣地想道，例如：「我是犯了個錯，那是因爲我勇於嘗試。現在我可以做好補救，然後試試別的方法。」碰到令人煩惱的事情時，別想著：「這是世界末日，我永遠都克服不了了。」你可以告訴自己：「這不是世界末日，但的確挺麻煩的。我能找出辦法，一次解決一點。」

清除內心焦慮和憂心的雜音

內心的雜音，是不屬於你的念頭，會引發羞恥、害怕、鑽牛角尖、絕望、無助、悲觀和自我批判之類的感受。我稱之爲「雜音」，是因爲它們並非你原來所有，與你的心靈本質毫不相干。它們只會製造混亂和扭曲，不妨就把它們當作情緒不成熟父母的情感脅迫留下的殘骸。這些父母常讓孩子從小養成消沉的想法，這樣才便於讓他們掌控。

你一定要釐清你的想法是屬於自身，抑或來自家庭。你的某些深層焦慮，可能是多個世代承襲下來的恐懼，最早是爲了保護某個身處危險的祖先。把這些負面思維當作傳世幾代的老家具，上頭布滿灰塵、搖搖欲墜。也許你該第一個表示你不想繼承了。

過度憂慮是有情緒不成熟父母的人常有的念頭，因爲他們小時候必須分秒警覺爸媽的情緒。因爲安全感飽受威脅，你便不時戒備著旁人爲何惱怒，以及接下來會發生什麼後果。你不斷思索該怎麼做才能合他們的心意。

不幸的是，一直擔心別人的情緒，會使你無法關心自己的感受與想法。放下這種擔心，試想跟他們互動的可能，將更有建設性。你不妨自問：「我希望他們怎麼待我？這對我會有何影響？我眞得承受他們的這些行爲嗎？」由此出發，你就能自由思考，看到自己跟他們是同等重要的。

每當你發現自己太在乎別人對你的觀感時，請轉移視角，寫下他們的舉止帶給你什麼感受。將眼目轉向你自己，想想你對事情持有何種看法，別只對他們的批評照單全收。獨立思索讓你能看見自己想要的結果，做出妥善規劃。這樣積極、有目標地發揮心智，你將得以追求自己的快樂，不再只是徒勞地憂心該怎麼取悅情緒不成熟之人。

透過自我對話讓心變得清明

在內心深處與自己對話，是改變心情與想法的首要途徑。你可藉此釐清心願，對付失落，決定方向。只要確認你跟自己說的話有助你聚焦在眞正所想之處。

具建設性的自我對話能讓你引導自己脫離旁人對你的情感控制。就像衛星導航能指路，你的內在聲音同樣可以。它能幫你澄清你的意圖，設定想要的目標。如果情緒不成熟之人以他們的利益爲先試圖接管你的情緒，現在你可以告訴自己採取新的回應，並翻轉情勢。

自我對話讓你不會跟自己斷線

透過自我對話，你就不會在情緒不成熟之人嘗試接管你時失去自己。假設你去探望父母，他們對於你做的某件事反應很糟，加以嚴厲批評。父母的舉措可能觸發你孩子般的反應，你覺得充滿無助且動彈不得。但如果你早已預期到他們會有這類控制行徑，你便可以站在那兒直視他們，只管想著你自己的事。他們的行爲沒讓你意外，而你也沒放棄你成年的心智任憑宰割。你只是堅持自我，靜靜觀察。

若有其他人表現出對你的不贊同，你可以跟自己對話，提醒自己，你有權保有主見與選擇。若他們想激起你的內疚或是譴責你的價值觀，你可以提醒自己，身爲一個人，你有著不可否認的存在價值。無論他們怎麼說，你都能堅持己見，知道他們的不快完全不影響你的自我價值。自我對話，是你相信自己、與眞實自我重新連結的主要途徑。

自我對話讓你看穿別人的意圖

情緒不成熟父母自認應該把你洗腦到跟他們有著一樣的觀點。他們先是讓你感到挫折，然後變得防備，繼而讓你失去理性。在這種情況下，你變得軟弱無助，很快便屈服於他們所說的一切。

要對抗情緒不成熟之人心智和情緒上的主宰，你必須提醒自己要保持冷靜，仔細分析。他們對你發火時，你可以用力阻止那股茫然繳械的力量，在腦中描繪對他們舉止的觀察，宛如你是在做筆記的人類學家。這種分析式的自我對話，可使你的大腦錨定在客觀和成熟的面向，得以看穿他們想控制你的意圖。

當你透過自我對話，正確解讀對方的行爲，他們想接管你的情緒的居心就不攻自破。那些戰犯與極權政體下的受害者，就是憑藉與自己不離不棄、對事態客觀分析，而能度過經年的凌虐和禁閉，保住自己的完整與信念。

運用自我對話的三種狀況

自我對話能帶來情緒力量，但單靠自己不易做到，所以這裡提供一些建議用句，讓你在情緒不成熟之人的情感脅迫下能派上用場。

1. 當他們怪你做得不夠時，你可以告訴自己：

- 我沒做錯任何事。我可以聽，但絕不接受內疚。
- 我不壞，而且問題不在我。
- 她要失望，這不能怪我。她的期待根本就不切實際。
- 事情會過去的，儘管他一副「回不去了」的樣子。
- 她的要求實在太超過，我永遠都做不到，而且也不想做。那會讓我受不了。

2. 當某人的情緒失控時，你可以對自己說：

- 他管不住自己的情緒，不能怪我。
- 她很氣，但我還好。地球依然在轉動。
- 他又在不高興了，但那不表示這件事他是對的。
- 有人在生氣，不表示我就得聽命行事。
- 她講的東西完全是誇大渲染。
- 她想說服我這是世界末日，但明明就不是。

3. 有人想指揮你、控制你的思想，你可以提醒自己：

- 我的需求跟他的一樣重要。我們都是成年人，彼此是對等的。
- 我的人生不屬於她。我有權反對。
- 我選擇我效忠的對象，而他並不在其中。
- 我的價值，無關他怎麼看我。
- 這都只是她的意見，而我並不屬於她。

互動時用上這類自我對話，你就能牢牢穩住自我連結。合乎實際的自我對話能讓你保持客觀，不忘自己的內心世界和需求跟對方的同等重要。

刻意練習讓自己快樂

想想看，你的心是個盒子，能放的想法就那麼多。當某種想法增加，就擠壓了其他想法的空間。整體而言，你的目標是在這個盒子裡儘量擺放愉快的經歷，並挪走負面思維。

刻意把時間花在開心、歡樂、可能性等想法上，就可改變正負思考的比例。當你著重於正面經驗，那些想以害怕、內疚或羞恥控制你的情緒不成熟之人就無計可施了。神經心理學家瑞克．韓森（Rick Hanson）在他的著作《大腦快樂工程：發現內在的寶石，像佛陀一樣知足》（*Hardwiring Happiness*）中解釋道，大腦會因我們放大開心和感恩的想法而受惠。他表示，即便每次只持續短短幾秒鐘，刻意多想些令人高興的念頭就能重組大腦原有的思考模式。

就像韓森說的，你越常回味可喜之事，就越能鍛鍊大腦朝感覺良好的習慣走去。這一天過得好不好、覺得自己是不是個值得交往的人，再也無須由別人決定。有覺知地專注在對自我肯定之處，就能改變心情。

佛霞曾提出實證指出，療癒性的情緒轉化，最能發生在心情昂揚的正面狀態中，而非縈繞負面經驗之時。這種追求自我了解和正面肯定，並非逃避，而是我們提升自我的墊腳石。

當你拓展並深化快樂時光，你也強化了自己的個體性及自主性。當你主動回想歡愉的感受，就是握有情緒與自尊的主控權。所有這些刻意品嘗喜悅、自我肯定的微小片刻，都能提升自我效能意識，讓你看到自己是個積極自主的人，不再那麼易受情緒不成熟之人那些情感脅迫、接管、扭曲力場所影響。

重點不僅是心存歡喜，而是要培養自主、坦然和溫暖的感受。當你發現只要專注於可喜之事就能改變內心狀態，讓你感覺更好時，你將不再仰賴那些耗盡你心力的人際關係。你將能提升自己的效能與自主，創造更多舒服的經驗，不斷累積美好和快樂。

重點摘要

情緒不成熟之人的情緒需求，足以讓你對有自己的主見感到羞恥和內疚，進而麻痺獨立思考的能力。讓自己從父母的情緒接管累積成的思想雜音裡脫身，可讓你找回精神上的全然自由。「應當」一念值得挑戰，你才能避免抑鬱，能獨立自主。你的心擁有安全隱私的權利，而且思想本身並不會傷人；明白這些，你將更能暢快思考。自我對話也有助防止自我解離與情緒接管。當你全心貫注於自身優點並強化歡喜，你將體會到與心再度合一的快樂。

9

更新自我概念：修正童年扭曲的設定，增強成年後的自信

情緒不成熟父母無法爲你建立的自我概念

自我概念是你相信自己、以及你允許自己充分發展的基礎，而這份理解，深受成長過程所影響。旁人的舉止訴說著他們眼中的你，因此孩提時，你只能從中看到自己。但情緒不成熟父母很難幫你建立正確的自我概念，因爲他們常看不見孩子獨特的特質、能力和興趣。

情緒不成熟父母期待你依他們的想法成長。有此父母，你很難正確看到自己的長處，只能從是否合乎他們的期望來評斷自己。很遺憾地，這些父母常只給孩子負評，使得孩子自信心低落。你必須修正這些錯誤的自我認知，才能活出自己，追求個人發展，與自己、與別人建立深刻的關係。

情緒不成熟父母不在乎他人的主體性，他們不可能教你認識自己。他們把人籠統分類，極度簡化。他們會說：「你就像你爸！」或「你像我這一邊」，根本不管個體的獨特性。他們自認了解你，因爲你讓他們想起某人，使你以爲你是另一種樣子。這些父母只是一味告訴你要長成怎麼樣子，而不是協助你認識自己。

然而如今已是成人的你，可以將你對自我的概念拓寬，納入你所有的潛能與特質，即便情緒不成熟之人仍把你過度簡化或當成小孩。你不用小看自己。值得慶幸的是，你的自我概念無須再取決於父母，現在你大可去探索自己，了解自己想成爲怎樣的人。你可以根據自己的真實面貌，更新自我概念。

但首先，我們先簡單回顧形塑你的自我概念的童年情緒氛圍，從中可窺見現在你如何看待自己，讓你能掙脫建基在早年遭遇的過時身分。

練習14

檢視童年時是否建立足夠的自我概念

花一點時間回想，並寫下這些問題的答案。

- 童年時，你的自我概念如何？
- 你跟其他小朋友在一起時是什麼樣子？
- 你的父母有引導你認識自己，幫助你發展潛能嗎？
- 你有清楚的自我樣貌，或就跟普通孩子沒兩樣？
- 父母有鼓勵你往前看，想像最遠大的志向嗎？
- 他們曾問過你，希望對世界產生什麼影響嗎？

- 從他們待你的方式，你覺得他們相信你將會是一個成功且充滿愛心的人嗎？

接下來，看著你的答案，沉思一番。你有何感想？你覺得你的童年可有影響到你長大後對自我的概念？

可喜的是，即便有任何的負面影響，現在你都有能力對抗及修補。如果小的時候，情緒不成熟父母未曾幫你正確了解自己，長大後，你仍能爲自己做到。

保護好成年後你爲自己建立的自我認知

我們談過，情緒不成熟父母是根據自己的需求來看待孩子，所以你小時候聽到的自己可能根本不是你。如今你已長大，能有覺知地建立起正確且有益的自我認知。

這麼做的重要性遠甚往昔，因爲你怎麼看待自己，會影響你生活的每個面向。你有朝著肯定自我的方向前進嗎？如果你不覺得自己有價值，那麼必要時你也就不會採取行動保護自己。如果你不覺得自己有趣，你又如何推銷自己，如何建立親密關係？如果你不懂得保護自己，你該如何與人安心自在地往來？

接下來，我們來看看如何修正因情緒不成熟父母而形成的扭曲認知。

體認到你如今是握有權力的成年人

許多情緒不成熟父母始終不把已長大成人的孩子視爲眞正的大人。孩子自尊自重，他們卻訕笑以對，讓孩子怯於捍衛自己已經長大、可獨立自主的事實。面對不祝福自己步入成年的父母，這些孩子自然不知該如何展現出大人的威嚴。

裘奈兒的故事

身爲老闆的裘奈兒熱愛工作，表現傑出。助理陶德卻讓她十分頭痛，因爲他總是提出一堆多餘的問題，老愛扯些私人事情。

明明該畫下界線，但裘奈兒於心不忍，她從不阻止陶德嘮叨，還經常主動問他怎樣。儘管已開始打算換掉陶德，卻一直改不掉這些毛病。

裘奈兒的問題出在她對於自己握有成人的權力，毫不自覺。她仍把自己當作從小扮演家中拯救者的那個小孩。家裡五個人，總是由她負責照料憂愁失意的媽媽。當她解釋自己爲何一再容忍陶德，昔日的自我概念即浮上檯面：「我休假旅行玩樂，陶德卻必須留守。我當他的老闆，薪水比他高出那麼多，實在很過意不去。我不忍心趕他走，我希望他覺得我支持他。」這種要求下屬表現卻怕冒犯他、怕他覺得「被排除在外」的心態，完全出自裘奈兒與母親的關係。

不過，等她明白這種不合時宜的自我概念有礙工作發展後，便放下內疚，拾起身爲成年人的權柄，與陶德設定妥善界線。

檢視你目前的生活，看你是否因擔心冷淡了誰而不敢伸張合理的權利。所幸你能夠加以改變。你本來就有權利克服童年的影響，讓自己不斷成長和進步。透過你原有的能力及他人的指導，無論父母怎麼看你，你仍能建立更強而有力的自我概念，成爲更有效能的領導者。

認知到父母沒資格抹煞你的成就

「冒牌者症候群」（The imposer syndrome）讓你無法享受成就，因爲你總覺得成就不是來自自己的努力。就像小孩假裝大人，你很怕自己被揭穿。眞正的問題出在你尚未有覺知地跨出童年，更新自我概念。

你在關係中也可能覺得自己是個冒牌貨，很難理解別人爲什麼愛你。舉個例子，一位女士被朋友們爲她籌辦的盛大生日驚喜派對嚇到，她覺得自己沒有重要到足以如此慶祝，只能說道：「我不明白你們爲何要這麼做，但謝謝各位。」

很多成年子女爲了保護家人的自戀，從不質疑後者搶占中心位置的權利。當這些子女有所成就而成爲焦點後，總是極爲內斂；他們沒有絲毫驕傲，而是想著：「這並不是我。」他們不讓自己沉浸在成功的喜悅中，而是對搶了自戀家人的風采深感歉疚。

當你在成長過程中始終相信，你不如某個更值得享受光環的家人那麼有趣，會產生這種冒充者的感受也就其來有自。而這顯然是被扭曲所造成，因爲你確實寫下了那番成就，那的確是屬於你的派對。

舉個例子說明這種所謂的「更值得享受光環」：一名父親參加女兒的獲獎典禮，卻坐在那兒大肆抱怨人太多、時間太長、害他錯過電視轉播的球賽。一位母親不斷碎念兒子的學校怎麼那麼不替人想，竟把畢業典禮安排在母親節的週末。這些父母的舉動顯示，他們自己順心的重要性遠甚於子女的成就。

只因情緒不成熟父母漠視你的光榮時刻，不代表你必須貶低你成年後的表現。實際上，有這樣的父母，你更應該支持自己。別任由他們奪走你的鋒芒，珍惜每一次榮耀，將它融入自我認知當中。

你的自我不容父母的扭曲和傷害

情緒不成熟父母透過自身的投射看待子女，可能因此讓孩子對自我產生錯誤的印象。有時這種扭曲幾近荒唐。

舉個例子，莉莉整個青春期受盡厭食症折騰，全因她母親對飲食和體重病態的偏執。就算莉莉瘦到性命堪憂，媽媽仍不斷指出哪些食物可能導致肥胖。即便莉莉成年後找回自己，重獲健康，但只要回去探望母親，仍會激起她拒吃的想法，因爲母親會不斷拐彎抹角地批評她的大腿或哪個部位怎樣又怎樣。在這麼在意體重的媽媽身邊一段時間，莉莉發現自己又重新執迷起節食和運動。最終她決定，想維持健康，只有少回去看媽媽一途。

更新自我概念的五個方法

有正確的自我概念，你才能欣賞自己的複雜性，高興自己爲世界帶來的獨特和美好。要更新自我概念，可從以下幾點做起：

1. 建立自己的價值
2. 確認自己的信念與人生哲學
3. 填滿自我概念的空白
4. 定義自身的特質
5. 找到榜樣和導師

走完這幾步之後，你會驚訝於你對重新認識自己學習了這麼多，而你的自我概念也將更清晰、更有力。

1. 建立自己的價值

你與自己、與他人的關係品質，端看你有多麼自重、有多麼珍視自己的價值。

練習 15

你對自己的評價

想了解你對自己的看法，先安靜坐下來，試著進入最深層的感受。在筆記本裡寫下你對以下問題的直覺答案。這無關智力，請聽從你的心來回答。

- 我好不好？
- 我有能力嗎？
- 我是否夠格？
- 我重要嗎？
- 我值得被愛嗎？

檢視你的答案。如果你有情緒不成熟父母，恐怕至少會出現一、兩個否定的回答，那是因為你從小常受到他們的羞辱和譴責，以致對自我價值產生懷疑。好消息是，你可以準備更新你的自我價值，以及有關人們價值基礎的認知。

2. 確認自己的信念與人生哲學

你的人生品質取決於你的潛在價值觀，以及你對人生的理解。你認爲一個快樂、有意義的人生，主要是由什麼構成？也許你的潛意識知道答案，但如果能清楚講出來會更好。我們就來探索一下你有怎樣的信念與價值。

練習16

釐清你對人生的態度和信念

無所謂對錯，請以直覺作答。這個練習的目的在於揭櫫個人理念，讓你更加了解自己。在筆記本裡完成下列句子：

- 人生目的在於……
- 良好人際關係的祕訣在於……
- 成功是屬於……的人
- 除非……否則你無法擁有有意義的人生
- 自尊的最佳來源是……
- 我重視……
- 快樂的人生包括……
- 相信……是很重要的
- 想出人頭地，必須……
- 絕對不能……
- 我信奉的人生守則是……
- 人能透過……不斷改進

這些陳述，直探你對自己以及對這世界的看法，也深入到你與自己的關係。完成後，自問這些理念如何影響你的人生，無論是好是壞。

3. 填滿自我概念的空白

很遺憾地，父母若不曾肯定孩子的正面特質，孩子就無法在那些領域建立自我概念。那就彷彿自我的某個部分出現一大塊空缺。以我的一位個案法蘭馨來說，她可以坦然接受人家讚美她工作能力強，但別人若稱讚她這個人或是她的正面特質，她馬上就會退縮，因爲她從不那樣看自己，所以總會反射性地自貶一番，不然就開個玩笑自嘲。

法蘭馨說，別人的稱讚，碰觸到她內心某塊虛無之境：「我從不覺得自己有價值或是很重要。我不認爲自己有什麼分量，也不相信任何人會這麼看我。」她知道男友似乎認爲她很重要，但她自己卻很難眞的相信；她怕當男友發現自己沒那麼好時，就會覺得她「眞是個麻煩」。這種感受來自她冷漠的父親：當她還是個小女孩時，爸爸總是拒她於千里之外。當我問她能否看出自己值得被愛之處，她想了一下說：「我看不出來。那就像我心底有個洞，裡面是徹底的空無。」

另一位個案凱特琳，當她聽到教會的一位教友說她「給人最溫暖的擁抱，是最棒的聆聽者」時，簡直不敢相信。她告訴我，「我實在不是那種付出型的人。」凱特琳這種扭曲的自我概念來自她的母親。憂鬱又憤怒的媽媽非常憤世嫉俗，根本看不到凱特琳的優點。而凱特琳確實是願意爲人付出的人，只是媽媽從來沒看見。

雖然父母不曾肯定自己的特質，法蘭馨和凱特琳終究還是掌握到自己眞實、只是以前沒被看重的優點。法蘭馨接受了自己就是值得被愛，凱特琳了解到自己的溫暖與經常付出。當她們兩位認清自己原來是「值得被愛」及「慷慨溫暖」的人時，無不充滿了驚奇和感謝。只因父母從沒看見這些優點，不代表它們不曾存在。

如果你也幾乎沒得到過父母的回饋，你大概也不知道自己具備了很多的優點。而就像法蘭馨與凱特琳，你若不肯定自己的這些特質，就會自我設限地以爲：「那不是我；我不是那樣的；我不是那種會……的人。」當你取得成就之後，你甚至會說：「我也不知道自己怎麼會那樣。」然而就算你對自己缺乏某些認知，並不表示你沒有某種特質。你沒有感覺，可能只是因爲從沒有人點出它。

有情緒不成熟的父母，你應該去檢驗自己任何自我設限的想法、任何自以爲欠缺的優點、或是你從不敢嘗試的事情。看看那些限制是出於眞實的你，還是來自你生命中情緒不成熟之人？

4. 定義自身的特質

情緒不成熟父母很欠缺詞彙去描寫某些正面的優點。他們極少以言詞形容內心世界，自然也就難以開口說出孩子的特點和性情。他們只會用一般性的籠統詞彙回應孩子的行爲，像是「很好」、「很壞」、「眞蠢」、「很聰明」、「做得好」。於是你沒能學到足夠的詞語來形容自己或感受，這在將來會產生問題。自我剖析的能力，有助你找到工作或吸引伴侶。

練習 17

以詞彙描述自己

讓我們開始來打造更實際、更充實的自我概念。想獲得描述自我的詞彙，上網即可找到形容人格特質的完整詞庫，例如到http://www.ongoingworlds.com/blog/2014/11/a-big-long-list-of-personality-traits。也許你只用得上一小部分，但那裡可以提供各種選擇。

這次先別寫在筆記本裡，你可以另外拿幾張紙，在每張紙上盡情揮灑後，攤放在桌上，退後一覽。

1. **家人對你的觀感**。從家人的角度看小時候的你，包括你的父母、保母、手足等。你覺得他們每個人是怎麼看一路長大的你，把你的想法寫下來。他們會用哪些字眼形容你？

2. **現在你眼中的自己**。儘量想出你目前的特質，把它們寫在另一張紙上。包括你所有的內在特質與外在特性。

3. **你希望更加具備的特質**。在另一張紙上描繪你想成為的模樣。你想加強哪些特質？希望減少哪些傾向？隨著年齡增長，你希望成為什麼樣的人？

把這三張紙比較一下，將你的想法寫在筆記本裡。你能看出自己從過去到現在以至未來的成長軌跡嗎？像這樣以文字描寫自己，很能讓自己了解現在的樣貌，以及未來的模樣。

逐日從網路字庫中找出適合自己的新詞。研究那些詞彙的同義字，看看是否足以形容自己。經過一段時日後，你就能擁有描繪自己的豐富詞彙。也不妨請朋友幫忙，告訴他們你在幹麼，請他們提供他們會怎麼描述你這個人。找出不一樣的自我概念詞彙，是一個能持續不斷且非常有趣的自我肯定過程。

5. 找到榜樣和導師

榜樣和導師，有助於拓展自我概念。想提升自己，就去找出你尊敬的對象，透過觀察，慢慢仿效。多跟那些擁有你羨慕的特質的人在一起。每個人際關係都是提升自己的契機，請妥善選擇交往之人。

你大概想不到會有那麼多人樂於做你的導師或榜樣，並分享他們的智慧。如果你渴望成為更好的人，不妨尋覓一個願意伴你成長的導師。比方報名參加你仰慕的老師的課程；看到新聞報導振奮人心的故事，不妨主動聯繫主人翁。先想好你希望從他們身上學到什麼，你的探詢才會明確。

主動聯繫，請教他們能否就你能怎樣學會他們的優點，明確地回答三個問題。如果順利，可再請問他們之後是否願再指點迷津。只要你謙遜有禮，直指核心，不拖泥帶水，很多人都會樂於點頭。

刪去你對自己的錯誤認識

因情緒不成熟父母所導致的那些不正確的自我概念，一定要連根拔除，重新替換。留神注意有什麼感覺讓你躊躇不前，正面加以檢驗。讓我們來看看如何應付最困難的一些狀況。

脫離情緒不成熟之人虛構的劇情

情緒不成熟之人並不把對方看作是一個個體，反而總是把人們擺進被扭曲誇大的角色裡。他們慣於把每個狀況看成一個劇場，其中只有受害者、迫害者和拯救者。在簡化事實後，他們即歸納誰是壞人，誰很無辜，誰該來拯救他們。這種扭曲的角色扮演稱爲「戲劇三角」（The drama triangle），詳情見左圖。

舉個例子，茱莉小時候常被捲入母親的戲劇三角當中。她對於自己無法救母親於繼父之手深感愧疚；媽媽把繼父說成是讓她受害的壞蛋。茱莉以爲只有自己能拯救媽媽，因爲沒人告訴她，媽媽並非手無寸鐵，而是有能力幫自己脫困的成年人。

再舉一例，十幾歲的卡拉試著告訴媽媽，她覺得自己被管得太緊，她需要多點自由。媽媽沒跟她講理，而是失控地說她殘忍、目無尊長。媽媽把卡拉描繪成迫害者，當自己是受害者，再期望先生出面懲罰女兒，將她從卡拉的「攻擊」中拯救出來。

從這樣的戲劇三角看一切，情緒不成熟之人扭曲地認爲，所有關係都是無盡的衝突：強悍者欺負無辜之人，痛苦的後者就該

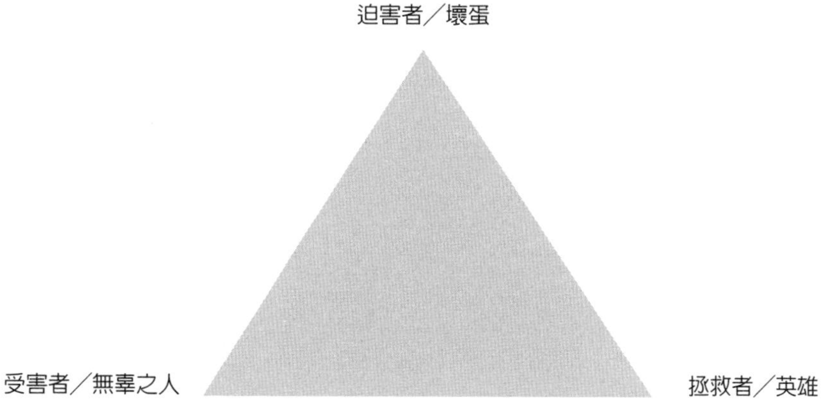

卡普曼的戲劇三角

被某人拯救。指派這些角色太容易了，以致發生的當下你可能完全沒感覺。每個人偶爾都會墜入這種劇情當中，但情緒不成熟之人是活在裡面。

我們對戲劇三角都不陌生，因爲這是小孩童話、大人戲劇的起點，好人和壞人構築成充滿張力的劇情。但在現實中，這些簡化又太過情緒化的主題只會引起不必要的衝突與戒備。當人們處於對立，眞正的溝通和情感的靠近便戛然而止。當情緒不成熟之人沒能遂其所願時，你要留意背後這樣的劇情；他們對事情憤怒的解讀，完全來自這戲劇三角。

如果你對此沒有警覺，戲劇三角中的角色便會傷害你的自我關係。試想你若一直把自己當作受害者，那對你的自尊將造成何種影響。你若一直得扮演某人的拯救者，你的未來將何其受限。你若一直被視爲壞蛋，你將可能如何自我懷疑。

要跳脫戲劇三角，就是看清人們對自己的行爲、福祉是有責任的。當你感到自己被拖入其中，你可以搖醒自己，拒絕扮演任何一種角色。你無須任由自我的概念被他人刻板定義。你絕不只是壞人，不只是無力的受害者，也不只是英雄般的拯救者。你能做你自己，想著你所希望的結局，盡力尋找能朝向那裡的一切途徑。

一旦你不再受此戲劇三角所惑，你就能與人健全互動，不再滿懷怒氣或畏懼。舉例來說，當某個情緒不成熟之人想指揮你或讓你內疚，你不必被動地扮演受害者；相反地，你可以採取行動捍衛自己。你可以決定什麼對自己最好，而不用在別人的情緒劇場裡瞎忙。

堅定的對想控制你的人說「不」

如果你毫不介意別人叫你怎麼想、怎麼做，那你就是習於屈從。屈從別人有損你的情感自主和心智自由度，而你不該容許這種情形發生。你的人生不能任人指揮。再說，情緒不成熟之人又怎麼知道什麼最好。

一旦重申你有自己作決定的權利，你將發現別人想控制你的念頭是如此不可忍受。當你對自我有了清晰且自重的概念，你的誠信及尊嚴也將不再允許任何人的情緒接管與脅迫。

若有人意圖控制你，你無須認真回應；你只需如此強調你的自主性：「你我各有不同想法」、「我不會做那種決定」、「那也許適合你，但不是我的風格」，或是「謝謝，但我不能那樣做」。如果情緒不成熟之人繼續施壓，你可以說：「我沒有理由，但我就是不會那麼做。」

當你與情緒不成熟之人互動時感到無力或受制，那正是強化你成年的自我認知的大好機會。若你在對方咄咄逼人之下幾乎要退讓，記住，你有權捍衛你的界限。每當發現自己快要妥協時，深呼吸，享受自己有拒絕一切你不願接受之事的自由。無須多作解釋。只要你高興，那就夠了。「我不想」或「不，謝了」，就足以結束對話。

你從來不比任何人差

自卑感能顯示出你的自我認知哪裡出了問題。仰慕他人沒關係，但你若覺得某人比你有價值，那就不對了。別把任何人理想化或偶像化。當你平等地看待對方，彼此更能相處融洽。

自卑感或自認不值，就像閃爍的紅燈，提醒你正處於情緒不成熟關係運作或戲劇三角的邊緣。只要學會將自卑感解讀成有人意圖藉你來抬高自尊，你就能後退一步，守護你的自主性與正面的自我認知。

而與一個你崇拜的情緒成熟之人相處，感覺就不同了。他們不會讓你覺得自慚形穢，反而會激勵你追求目標。情緒成熟者表現出海納百川、尊重且對等的態度。他們將你舉至齊高，而非踩在腳下。

從羞恥感中解脫

羞恥感特別能歪曲你的自我概念，就像我們在第二章學到的，羞恥看似不像情緒，反而像是你的本質，那對自我概念會形成嚴重的後果。

羞恥感有如酷刑，令人只想消失不見，遁入地底，慚愧而死。記得我們在第二章講過，當父母讓你覺得你很壞，你的自我認知將蒙上心理學家杜文斯基所稱的「徹底不堪之自我認同」。

但羞恥感完全不能代表你這個人，澄清這點很重要。你的羞恥感唯一說明的事實是，可能在你心理上還未能保護自己之時，曾有情緒不成熟之人令你覺得自己很糟。長大成人後，你有辦法解除這種感覺，方法是，揭開這種不正確的自我認知，勇敢直視，加以質疑。杜文斯基指出，不斷去掀開童年的羞恥感，重新正確命名——指出那是一種令人難受的情緒，卻不能代表你——就能將它打回原形，成爲你可以處理的情緒，而不再是能評斷你這個人的價值聲明。

對羞恥感加以質疑，你就能讓它回歸成是別人所造成的情緒面貌，不再把它當成你的主要認同。你能單單只把羞恥感看作是情緒的一種，不再將它吸納入你的自我概念當中。下面的練習會教你怎麼做。

練習18

減輕羞恥感帶來的傷害

回想某件讓你深感羞恥之事。回顧過程，不斷提醒自己：這只是一種感受，而不是你的缺點。杜文斯基建議把羞恥帶給你的感覺寫下來，同時不斷註記它只是一種痛苦的情緒。告訴自己：「這種感覺很糟，但它只是一種感覺，絕對不能說明我這個人，永遠不能。這種羞恥感不過是一種情緒，就像其他任何情緒一樣。」如此坦然面對，羞恥感就可化為能輕易度過的痛苦。

直視這些感覺，羞恥感帶來的痛就不再那麼可怕。你甚至能視之為有益的警告，提醒自己，有人想藉著使你難過，讓他們感到好過一些。如實看待羞恥感，不僅能助你逃出別人的情感脅迫，更能修復你的自我概念。

肯定自己擁有愛與被愛的能力

如果你沒有飛奔去幫忙解決問題，情緒不成熟之人就說你冷漠無情。如果你稍有遲疑，沒爲他們犧牲自己，他們就說你這人的基本德性有問題。總之，他們就是有辦法讓你懷疑自己對他們是否夠有愛。

與情緒不成熟父母相處所導致最傷人的自我扭曲之一，就是懷疑自己愛的能力。無法拯救他們、無法讓他們快樂、無法滿足他們的期望，會讓你擔心自己是否沒有感情。舉例來說，一位女士長大後相信自己的心硬如鐵；另一位女士始終不敢約會，深怕男士發現她「少了」什麼。這兩位的父母在情感需求上永不滿足，以致不曾也不願肯定女兒的心腸其實很柔軟。

只因情緒不成熟父母看不到你的努力，不表示你就沒有愛心。事實往往是他們沒有接受的能力，不然就是他們永不知足。別把你的價值或美德，跟他們是否覺得你愛他們綁在一起。你要把更多的愛和欣賞，導向你與自我的關係。當你有情緒不成熟的父母，這項自我支持對你而言更是格外重要。

正視你的情緒為不實的貶抑付出多少代價

許多人活在負面的自我概念中太久，久到再也察覺不到那帶來了什麼影響。他們不再感到憤怒或受傷，因爲他們早已學會接受壓制與蔑視。這的確能緩和遭受錯待的痛，但最終一定要覺醒，領悟到自我概念不足的代價有多大。當他們終能理解遭人貶低有多麼難受，就有能力採取行動。正如演說家東尼・羅賓斯（Tony Robbins）所言，有時要讓自己做出改變，刻意放大既有的慘狀會是最好的辦法。

舉例來說，假設你跟著惡意嘲笑你的家人同聲而笑，因爲從小他們就是這樣對你的。現在，你大可當作舊調重彈，對那些譏諷置若罔聞。但如果你選擇暫停下來，用心感受那些貶低的言語如何影響你的心情？被嚇得不敢回嘴，甚至跟折磨你的人一起嘻笑，是什麼感受？當你眞正去想，也許就能開始同情自己。繼續放大這些感受，直到你看清這些經歷如何破壞你的自尊和你對人的信任。用心感受傷痛與同時升起的關懷，從此你會看到不一樣的自己。

當你能眞正感覺過往扭曲的自我概念造成何種代價，改變就會容易許多。傷痛也能帶來好處，就像這種時刻。

由你來為自己建立健全的自我概念

來自父母的連結與充滿愛的支持，有益打造正面的自我概念。但每個人內心也自有一道火苗，無論過往如何，都能守護韌性和自我復原的能力。那或許來自你與自我的關係，從中你就是知道你值得擁有更多。我們當中有些人即使缺乏關愛，似乎仍有玄奧的內在資源，讓我們能夠做自己的益友，身處逆境仍能勇於突破。這種與自我的內在情誼帶來自我呵護、自我安撫，甚至是對付剝削之人的保護本能。

當你更了解自己且發現自己的美善，你就知道你有健全的自我概念。你會珍惜你的個體性——你的興趣、熱情、理想——以及你正努力汲取的新優點。擁有健全的自我概念，你便不會執迷於修正自己，而是會努力地實現潛能，成爲更眞實的自己。當個體性對你極其重要，你不想再變成其他任何人或任何事，你就擁有健全的自我概念。生而爲人，這樣的自我概念是你與生俱來的權利。

重點摘要

你的自我概念，是你對自己是誰、屬於何種類型的認識。很遺憾地，在情緒不成熟的父母身邊，你可能已養成扭曲的自我概念，總覺得自己矮人一截而自我壓抑。與情緒不成熟者的關係會讓你陷入錯亂的自我認知，例如自覺是個冒牌貨或戲劇三角中的刻板角色。然而，即便自覺不如人或自我概念空白，你永遠可以拿回自主權。相信內在的指引，尋求帶你成長的典範及導師，你將能建立牢靠健全的自我概念。

10

終於，你能擁有夢寐以求的關係：別貪多，一次只專注一種互動

你可以跟情緒不成熟父母建立比較好的關係，只要你先想好自己能接受什麼，而且一次只專注在一次互動上即可。當你只專注於這次往來，而不去考慮你們之間的整體關係，相處時便會有趣很多。一心盼望彼此能擁有良好的關係會造成太大的壓力；眼下只需努力營造一次有建設性的相處。關鍵是坦誠以對，積極主動，而非沉默消極或陷入口角。只要能守住與自我的連結，洞悉情緒不成熟之人的伎倆，你就不會那麼易受脅迫。

當你忠於自己，忠於內心，就能守住界線和情緒自主，也能保住自主權。當你把自我連結擺在第一，就能與父母建立起新的關係，而在那當中，你將更有自覺，更懂得自保。從許多方面而言，那會是你夢寐以求的關係，因爲你終於能在他們身旁做自己。

重點不僅在他們如何待你，也在於你爲求和諧而忽視自己到什麼程度。那就有如你小時候在毫無覺察之下，與他們「簽署」了某種關係合約，卻渾然不知那將如何影響到你成年後的生活。所幸你現在能加以修改，讓這條約比較公平些。你現在已經了解他們的情緒成熟度，能洞悉他們的作爲，因此你可以思索自己想不想改變回應的方式。

即便你早已不再與他們往來，或他們已不在人世，你仍能透過回憶去想像有別於往昔的互動。藉著心智重建過往的互動，你甚至能改寫你對昔日的感受。一位女士告訴我，經由想像自己在父親面前維持著冷靜和自主，她已得到多年來最棒的父女關係，而其實她父親已離世數年。

現在我們就來看看你可能在無形中與情緒不成熟之人立下的合約，並設法加以改寫。

你還想跟情緒不成熟之人維持以前的互動模式嗎？

人際關係多半有著不成文的默契，只是我們往往不察，直到某天問題爆開。這些「合約」幾乎都潛藏於無形之中，而當你使之現形，就能看清自己曾默許了什麼。下面的練習將讓你洞悉這些條約，並讓你思考是否仍願繼續下去。

練習19

重新評估你與情緒不成熟之人的關係

默想生命中一位重要的情緒不成熟者，把下面這些敘述放在那人身上，分別寫下「同意」或「不同意」。

1. 我同意你的需求應在所有人之上。

2. 我同意不跟你談我的感受。
3. 想說什麼請儘管說，我不會反駁。
4. 是的，如果我的想法跟你不同，那一定是我太無知。
5. 如果有人拒絕你，不管什麼事情，你會氣惱是理所當然。
6. 請指導我，我該喜歡或不該喜歡什麼。
7. 是的，我該花多少時間跟你相處，應由你決定。
8. 你說得對，在你面前我不該有自己的想法，以示「敬重」。
9. 如果你不想，當然不必控制自己。
10. 你說話不經大腦，一點都不要緊。
11. 就是這樣：你永遠不用等待，也不用面對任何不快之事。
12. 我同意：你不必因周遭改變而做任何調整。
13. 你不理我、吼我、見到我反應冷淡，都沒關係，我仍想跟你在一起。
14. 你當然可以不講理。
15. 我同意你不需要聽從任何人。

16. 請儘管繞著你喜歡的話題打轉，我願意閉嘴聆聽，而且不介意你從不問起我的事情。

這個練習的目的是讓你明瞭，你如何在無意間讓這個情緒不成熟者主導你們的關係，成為你們之間最重要的人。揭露出關係背後的條約，你將更能覺察到自己是否還願意這樣下去。

重新平衡傾斜關係的兩個思維

兩種嶄新的思維能重新平衡關係的傾斜模式，明顯改善你與任何情緒不成熟之人的相處。當衝突產生或你感到受迫，可以這麼做：

1. 看到自己與他們同等重要。（「他們重要，我也一樣重要。」）
2. 有覺知地保持自我連結，毫無條件地接納自己。（「我是很不錯的。」）

時時謹記這兩件事——你與他們同樣重要，你很不錯——便能止住對方的脅迫意圖或自以為是。當你記著這兩件事，你會感到與任何情緒不成熟之人的相處變得有所不同。他們也許仍照舊行事，但如果你了解自己與他們一樣重要並保持自我連結，你將擁有全然不同以往的體驗。若能從根本上展現這種態度，對方就不能再控制你，不能讓你脫離自己，也不能誤導你相信自己矮他們一截。

1. 你跟他們一樣重要

情緒不成熟者無法想像別人的需求跟他們的一樣重要。他們自認在關係裡占上風，便以為你當然也承認他們更重要。這種自信常讓他們流露幾許威嚴、甚至魅力，但那其實來自利己之心和情緒發育不全。所幸，現在你已能看穿這種自以為是。

一旦你開始納悶究竟是什麼讓他們比你重要時，你的自我連結便開始啓動。繼續深思下去，你將發覺根本沒有理由如此，那全是你的感覺在作祟。

當你看清自己也一樣重要——即便他們的表現完全不然——你自然會思考更主動、更積極的回應方式。你會即時提出要求。你的姿態會是一種溫和的提醒：「我也在場，我的需求跟你的同樣重要。」你會說明什麼對你才好；沒有愧色，不必道歉。站在平等的基礎上，本來就沒什麼好可恥的。

2. 保持自我連結，全然接納自己

當你肯定內在的自己與想法，你將感到一股全新的安全與滿足。當你無條件地接納自己，與當下的感受保持連結，你將感到充滿力量。當你鼓舞著不斷成長的自己，你將義無反顧地保護自己的能量與利益。你不會再爲了簇擁情緒不成熟之人而跟自己的感受解離。只因他們習慣爲首，你就要忍氣吞聲，你再也不願忍受這樣的情形。

面對情緒不成熟之人，你一定要壓下那股把自己縮到內心一處小角落的衝動。那樣拚命退避好讓他們恣意縱橫是不對的。這種自我壓縮是童年自我防衛所留下的反應，你不該讓它繼續下去。當你挺身保護自己的主張和感受就能清醒覺察，並能「充分做自己」，不再退縮當個小聽眾。

保持自我連結，重獲情緒自主

情緒不成熟之人要接管你的情緒和心智，唯一的辦法就是讓你脫離自我。當他們使你陷入被動，會造成你情緒僵硬，自我解離。而現在，你能運用覺察來跳脫這種狀態。

自我覺察或許看來毫無作爲——你甚至可能保持沉默——但卻是一項重大成就，因爲那讓你不受情緒不成熟之人的期待牽制，不認爲自己應該烘托其自尊，滿足其需求。覺察是很有效的心理工具，讓你能把被動的心態扭轉爲主動。

當你在情緒不成熟之人面前能維持自我覺察，就能重獲情緒自主和心智自由，並能自在地做自己。能夠在與他們近身相處時，清楚專注在自己的感受爲自己帶來的解脫感，簡直難以形容。

你可以這麼做：直視對方的眼睛，同時有意識地感知自己所有的念頭和情緒。看看那種感覺如何——即便他們期望獲得你的關注，你的內心卻完全警醒。這種刻意的自我感知，是大膽地斷絕既有的關係合約，不再任由他們盤踞你注意力的中心。這樣的情緒自主和思考自由非常値得練習，如此一來，你將不會在他們面前自動放棄自己。

別只關心他們的需求，也要留意你身體的感受、你當下的情緒和你腦中的念頭。當你注意當下的直接體驗，就能停止以他們爲首。

你不妨試試一行禪師的正念練習，非常簡單實用。舉例來說，你只要專注在呼吸，告訴自己：「吸，我在當下。呼，我很平靜。」留心呼吸，讓你記得自己的同在與價値，即便情緒不成熟之人想成爲彼此關係的焦點。

當你使用這些新的態度與方式，就能讓彼此的相處從一個人轉爲兩個人。接著我們再看看更多方法。

與父母相處時能自在做自己的方式

要能享受一段關係，你在其中一定要能做自己。接下來，我們就來探討怎麼跟情緒不成熟父母相處，才能促進眞正的交流，又不致對自己感到失望。

適時打斷舊有模式

想避免被情緒不成熟之人情緒接管，就要注意他們把照料他們的壓力強加在你身上的時刻。一旦發現你得壓抑自己去安撫他們，你就要保持警醒，留意他們的作爲，如此就能有效打斷他們的接管意圖。你也可以透過自我對話點出他們的行徑：

- 現在他們想對我施以情緒脅迫，讓我覺得自己很糟。
- 現在他們想把我扯進他們自己的戲劇三角當中。
- 現在他們進入「唯我」模式，所有的話題都回到他們身上。

• 現在他們在貶低我的內在體驗。
• 現在他們想剝奪我有自己想法的權利。
• 現在他們想撼動我先照顧好自己的義務。
• 現在他們想讓我內疚，好撇清他們的責任。

一旦你能當場識破這些作爲，就能做出不同的回應，有效守住界線和情緒自主。情緒接管在開始之際，是最容易將之擊退的時刻。開始時，他們能「使」你產生某些感覺，但隨著你日益清楚這些手段，其意圖也將漸失效力。

以我的個案蒂娜爲例，當她終於擊潰母親以受害者自居並不斷抱怨的那一刻，她說她體內有一種「樹枝應聲斷裂」之感。在那之後，每當母親要開始壓榨她的精力，她就馬上改變話題，提出反對，或是乾脆離開。當她察覺到母親有些談話是有害的，她會像閃避拳頭一樣自動閃開。（「媽，我沒有能力幫你解決那個狀況，我們來談談別的吧。」）如果母親堅持要她「聽就好」，蒂娜會說：「媽，我辦不到，那會讓我太難過。」

阻斷情緒接管，意味你明白地說出你的感覺，要求你所希望的，並設限阻止你不想要的。一旦你能表達你當下的需求——無論多麼賣力或笨拙——你就卸下了那些讓彼此互動如此淺薄又充滿壓力的各種角色。

成為關係的領導者

當你能中止情緒不成熟之人的控制，即可試著朝你希望的方向邁進。主動提出你的建議，你便是領著彼此的關係往更對等、更尊重、更成熟的方向前去。例如在父母想接管情勢或給你意見時，你不妨說：「喔，媽，這主意不錯，但我必須自己考慮清楚，這點很重要。」如果父母因而動氣，出言不遜，你便可引領方向：「現在我們是兩個成年人，我希望你能控制自己。當你那樣跟我講話，我們怎能擁有彼此尊重的成人關係？」

關係領導者的角色是要率先表示尊重及對等。他們表明自己期望的對待方式，以及什麼使他們感到溫暖。他們點出什麼叫作支持，並鼓舞大家善待彼此。

以布莉來說，她向來很支持父親，當父親嘗試減重，布莉一路都在爲他鼓舞打氣。而當她自己也設定了健身目標，爸爸卻從未問過她進展得如何。布莉告訴父親，支持應該要有來有往，那樣彼此才會更樂在其中。這話似乎讓爸爸相當驚訝，就好像他從沒這樣想過，於是他答應此後會多表示關心。

情緒不成熟之人欠缺當關係領導者的成熟度，若你就跟著盲從，只會傷害自己。你若知道有更好的相處方式卻沒予以教導，那對他們沒有半點幫助。

放下期待，更容易接納彼此

當你沒打算大舉改善彼此關係，情況會比較容易掌握。處理一次會面不難，但要讓關係整個變好則工程浩大。一次只應付一回合，你會覺得有效很多，也沒那麼令人畏懼。

事實上，你可嘗試用一種中立的心態接觸父母，就好像你過去從沒和他們有過任何關係。讓這種嘗試成爲嶄新的一日，假裝他們所說的、所做的你都不曾經歷，於是當下你能眞誠地做出反應。這種全新進入互動的技巧——「沒有記憶也沒有渴盼」——讓你看見當下的對方，而非透過昔日的憎恨來看待他們。你沒帶著宿怨或心懷不平，而是以全新的目光望向他們。你可以把父母當作最近才在某個場合認識不久的人，所以你不期待他們要滿足你心靈深處的盼望。你無須愛他們，他們也沒必要愛你。你們可以處得來。

一位女士告訴我，自從她打消希望彼此能更親近的期待後，她與母親的關係獲得不少改善。她把媽媽視爲普通老人家般，跟她愉快相處。她發現早在幾年前，自己對母親就不再有任何需求。事實上，現在無論母親是否愛她，都不影響她自己的開朗心態。如今她完全接納與母親的每一次接觸，不再對照過去的期待。當她決定將每一次接觸看成全新的體驗，不帶恨意，沒有期盼，痛苦和悲傷也就煙消雲散了。如今，她頗樂在兩人每回的相處時光裡。

成熟溝通，坦誠相處

坦誠相處的意思是，你能透過明確、親近且不帶攻擊的溝通方式，讓對方知道你的感受和你的期望。明確親近的溝通，不是粗魯或質問，而是中立地表達感想，當中沒有怪罪、詮釋或威脅。你並不打算改變對方，你只是如實說出他們的行爲對你造成什麼影響。你清楚說明你怎麼看待這段關係，他們也能感受到只要自己願意敞開，彼此的相處是很安全的。當你坦露內心感受，你便是眞誠地投入這段關係。對你而言，彼此的關係瞬間變得更加深刻。

要讓關係更眞誠，請誠實表達自己

告訴情緒不成熟者你的感受，是朝忠於自己邁進的一大步。與自己保持連結，平等看待對方，即可改變彼此關係。你們的相處變得更親密、更眞誠，即便那努力只來自你這一方。你每次說話——無論多麼尷尬或費力——都帶來更多深刻的溝通，藉此把這關係從膚淺的泥淖裡拖出來。

要求平等地位。當你開口，就是向對方顯示你的對等地位。表達出自我，你即表示你的內心感受與對方的一樣重要。這也阻止了情緒不成熟之人產生階級心態。

話說回來，要在情緒不成熟之人面前表達自己可能不容易，他們幾乎不會問你或留什麼機會讓你參與。你可能得見縫插針，例如：「等一下！」或「慢著！」，或乾脆舉手、揮手。假如他們又打斷，你可以說：「只要一下，讓我講完」，然後深吸一口氣後再繼續。他們聽不聽，不是重點；重點是，你爲自己採取了行動，要求他們聆聽。無論他們如何反應，你與自己的關係都已更進一步。

要求聆聽。如果你因某事而對情緒不成熟之人不滿，當下卻沒能說出，你大可之後折返，問他們能否聽你說。就說你想分享一些想法，希望他們給你五分鐘時間。（這五分鐘的時限很重要，因爲情感上太靠近會讓他們渾身緊張。）

如果他們答應，你就描述他們哪些行爲對你的影響，讓你有什麼感受，並詢問他們那樣做的用意。（「爸，每次你眉一皺、臉一紅，我就覺得你不想理我，好像我最好不要談我的想法。那讓我覺得我沒有權利發言。你是希望我在你面前別吭聲嗎？當你像那樣彷彿在發火的時候，你希望我怎麼做？」）

在每次五分鐘的對話裡，只講一件事。當你描繪他們的行爲帶給你的感受時，態度應維持尊重及好奇，不帶控訴意味。假如他們打斷你或試圖爭辯，你可以表示你知道了，但請他們先讓你說完。

等五分鐘一到，謝謝他們的傾聽，問他們是否有話想說。他們也許不想，但記住，就在你要求談話的那一刻，你的使命已經達成。僅僅這樣一個要求，你便已成功翻轉了童年以來的角色。當你說出你的煩惱，就已改變了關係合約（像是「我同意不跟你談我的感受」）。這類簡短對話讓你們了解，你們之間是經得起某種程度的坦誠的。

我想一再強調，即便這樣的談話沒能解決你提出來的問題，卻已經達成目的：你表現出對等姿態，並以明確、親近的溝通引導對話。這已往前邁進了一大步。

溝通時，要把情緒與批判從對話中抽離

所幸我們知道很多種溝通方式，能在緊張的情況下帶來正面的結果。建設性的溝通風格是坦誠的，不帶任何批評，語氣中性，並且能夠同理對方的觀點。我們來看看有哪些技巧最適合用來應付包括父母在內的情緒不成熟之人。

非互補性溝通。心理學教授克里斯多福・哈普沃（Christopher Hopwood）提出的這種溝通風格，是以出人意料的冷靜和同理，來回應對方的憤怒或攻擊。這想像不到的善意，常能化解對方的敵意或控制意圖。當發怒者碰上的是好奇和關懷而非反擊時，衝突的必然性就完全消失。

運用這種技巧，你就是以同理心回應對方的敵意，有如他們期待的不是爭執，而是理解。你知道他們情感深處渴望連結，你能從他們不快的舉止，解讀出他們想得到關懷與接納的期盼。有時一個意想不到的同理反應，便能將緊張態勢轉爲充滿想像與意義的連結。

以芭比爲例。她的伴侶每次出差回來火氣都很大，而她終於搞懂，伴侶那時不僅身心疲憊，更怕芭比不想見到她。等下回伴侶如烏雲般地開門進來，芭比便起身去擁抱她：「眞高興你回家了。我好想你。你想吃點什麼嗎？」

其他擅長這種風格的人會採取幽默、令人軟化的友善態度化解緊張，讓怒火無處可燒。純眞的關懷也能讓情緒不成熟者的進逼失敗。舉例而言，當他們不公平地批評你，你可以中立地答說：「喔，我不知道是這樣。」非互補性溝通讓你針對的是他們心底想獲得理解的那份期盼，而非他們表面上的敵意。如果伴著眞心，這樣的回應常能將不愉快的對峙化爲出人意表的連結。

非防禦、非暴力的溝通。非防禦、非暴力的溝通法是指不攻擊、不羞辱、不指控、不誹謗。其目的是不帶防衛地聆聽，且沒忘記原先的目標。

非防禦、非暴力的溝通，讓你不致落入戲劇三角中迫害者—受害者的二元對立。你理解對方認爲其觀點合情合理，而同時，你述說自己想法的方式並不挑戰他們的價値。你的非防禦回應不會激發迫害者—受害者的戲劇三角，使對方能夠放心跟你溝通。

這些技巧性的溝通，承認雙方都有正當目的和絕對合理的需求。使用這些技巧，能把情緒與批判從對話中抽離。不管情緒不成熟之人作何反應，你會覺得彼此的對話遠比以往有效，你也比較能夠控制住自己。

意見不合導致衝突時的處理方式

意見不合無可避免。當對方侵入你的界線或舉止太超過，該如何應付才能不傷感情？我們來看看有哪些處理方式。

畫下界線，直接拒絕。任何一種關係都一樣，拒絕與設限乃是自保之道。你無須找藉口或力圖解釋，只需說：「不，我眞的不行」，或「那行不通」。

不過，情緒不成熟者不像一般夠敏感的人，要拒絕他們很難。他們可能會這樣質疑你：「你為什麼不能做？」或者他們想幫你作主：「你不能這樣做嗎？」然後逕行給你建議。客氣講理的人不會堅持你非怎樣不可，但情緒不成熟之人表現得好像你的時間都屬於他們。假如你已拒絕而他們仍不肯放棄，你可以說：「你要我提出更多理由嗎？我恐怕不行。」或乾脆聳聳肩，表示無能為力。

甘願才接受。情緒不成熟之人的慷慨常讓你覺得無可奈何。他們想給就硬是要給，不管你怎麼想。舉例而言，包括父母在內的情緒不成熟者可能會送你他們自己想要的禮物、堅持要你參加你一點也不想去的聚會、計畫著你沒有任何興趣的活動、或是不斷伸出你並不想要的援手。就像小孩子一直哀求「再一次嘛」，情緒不成熟之人無法察覺他人可能已經累了，或實在不像他們對這活動那麼感興趣。一位男士不斷告訴母親不要帶禮物過來，母親就是不聽，最後只好告訴她：「媽，你的禮物感覺不像禮物，它們像是義務。」

如果你對他們給的東西沒表現出受寵若驚的樣子——無論是食品、禮物、金錢、殷勤或忠告——他們就一副你真無禮、故意傷他們心的模樣。而當然，那絕非實情。你絕對有權說：「就這樣」，或是「夠了」，還有「不要了」，或者「我希望可以，但不了，謝謝」。之後他們會覺得怎樣，那是他們的事情。

別鼓勵退化行爲。包括父母在內的情緒不成熟者經常生悶氣或一副受傷的樣子，希望你去拯救他們。如果你立刻過去安撫，就是在鼓勵他們繼續這種退化、引你內疚的舉止。

以我的個案珊蒂爲例。珊蒂的母親可蘿非常情緒化，一碰到不合意的事就含淚進臥房。珊蒂往往會覺得難過，於是跟進去探問究竟，希望讓媽媽好過一點。有時媽媽拖上很久，既不肯講話也不接受撫慰，常讓珊蒂費半天力氣。

可想而知，珊蒂對這種模式頗感厭倦，所以她試了新招。當媽媽故技重施，珊蒂會來到臥房誠懇地說：「媽，我看得出你眞的很難過，我讓你自己解決。你好的時候我會在樓下，我們可以照原訂計畫去逛街。但你絕對不用急，看你需要難過多久就多久。」然後輕輕把門帶上。

藉著這個做法，珊蒂把自主權交給母親，自己也退出拯救者這個角色。她同理母親的感受，而非冷漠或批判，但同時也讓母親知道，這不是自己能夠參與或代爲處理的事情。媽媽大約十五分鐘後來到樓下，珊蒂對她微笑道：「要去逛街了嗎？」

另一個例子是，保羅冥頑不靈、墨守成規的父親拒絕依照計畫出門吃晚餐，因爲他認爲保羅用不正當的手法訂到座位。保羅平靜地告訴父親：「爸，沒有關係，不用勉強做任何事。我們大概半小時出門，如果你改變心意，我們會很開心。或者你想晚點來一起喝個咖啡、吃點點心的話，你也可以搭計程車過來。」

這些例子呈現的重點是：沒有譴責、羞辱，也沒打算改變父母的情緒。這些父母拿到充分感受自己情緒、自己做出決定的自主權，他們可以選擇一起出去玩樂，或是繼續在家不開心。子女很尊重地呈上選項供他們挑選。

清楚、直接、尊重地表達怒氣。能平靜的互動當然最理想，但總有些時候好像不發火就是不行。情緒不成熟父母頑固起來令人難以忍受，尤其當父母一直以來總是喜歡高高在上。好在，你的怒氣仍能以一種尊重且客氣的方式表達。

伯達妮的故事

有一次伯達妮來諮商，她如此開場：「我今天跟我爸發火了。」原來，她年邁的情緒不成熟老爸李維，又在養老院爲了一些芝麻小事大罵員工偷懶疏忽，彷彿他是住在五星級飯店。現在已經有好幾位照護人員威脅不負責照顧他。對養老院成天來電抱怨父親的舉止，伯達妮受夠了，她要爸爸充分了解事情的嚴重性。她不客氣地提醒他，如果這樣下去，他大概會被踢出去，到那時，他只能落到更差一點的地方（那是事實，因爲他沒有多少錢，能找到目前這個所在已經算很幸運）。

伯達妮也提醒父親，員工的工作很辛苦，他們也是人；自己已經很厭倦一天到晚幫他擦屁股，該是他做點改變、替別人想想的時候了。「我累死了，」伯達妮告訴他，「你得考慮到這一切會對我造成什麼後果。萬一我死了，你怎麼辦？表示一點點感謝吧，爸！幫我拿掉一點重擔吧。你知道怎樣做才對，那就做吧！」

伯達妮沒有怪罪或凌虐父親，她只是強力表達出她需要他怎麼做。李維腦袋清楚，即使這把年紀，也沒藉口可以恣意妄爲。他不喜歡自己的處境，但伯達妮也不喜歡她所面對的。爲了自己的健康著想，伯達妮必須請爸爸出一份力，別再不斷給她找麻煩。這番正面交鋒並沒改變李維的性格，但確實開啓了一刻明確而親近的溝通。之後李維向女兒道歉，讓伯達妮嚇了一大跳。他們成為——至少目前——合力解決問題的兩個成年人。

伯達妮示範出我們可以強硬地表達怒氣，但不是攻擊，而是明確而親近的溝通。每次爸爸老毛病又犯，伯達妮就會挺身表達不滿，說她希望他怎麼做。被成熟地控制住的憤怒或許很情緒化又強烈，但它就事論事，針對特定事項，直接面對對方。作家羅斯·坎貝爾（Ross Campbell, 1981）指出，憤怒可以透過成熟的各種層次來表現，且多少有助於解決問題。憤怒時也許會出言不遜，但只要表達得合乎邏輯、訴諸言語、就事論事、不辱罵不動粗、針對核心對象或問題，就仍屬於成熟層次。

伯達妮質疑爸爸的口氣確實很情緒化，也很不客氣，但她仍是客觀地描述問題，說出自己的期待，並且沒有進一步變成侮辱。她沒想要處罰或指揮父親，而只是提高聲量，好穿過父親自以為是的雲霧，真正進到他耳裡。她強硬地提醒，世上還有別人，如果他不顧及這點，就有可能喪失眼前他以為理所當然的一切支持。伯達妮這樣表明立場、澄清事態，對兩人都有好處。

接受現實，繼續向前

很多人以爲與父母擁有良好的關係，意味父母終將與自己快樂相處。但想想情緒不成熟之人的永不滿足與自衛防禦，就會明白什麼都不能讓他們高興太久。何不放棄改變他們，自己開心就好？接納了他們的限制，你更能照顧好自己，甚至對他們也多一些感情。

盡力就好，珍惜現在

不管我們在情感上的需求有沒有得到滿足，我們對父母多半仍存有一種原始的依附。儘管充滿挫折，血脈相連仍深，我們應該都不想完全切斷這些聯繫。在基本人性層面上，令人抓狂的家人關係也顯得有意義及無可取代。儘管痛苦、儘管難以呼吸，強烈的歸屬感仍將我們與父母牢牢相繫。

一位女士告訴我，儘管她母親一點也不「溫柔、和藹、安全」，她仍想維持聯繫。她清楚記得那一天，當她明白母親永不可能改變，自己躲在臥室裡痛哭；也就是在那個當下，她完全接受了母親，因爲家族連結對她而言意義重大。

另一位女士跟她情緒不成熟的父親關係很糟，十分折磨人。從小爸爸對她很差，不斷讓她失望。但在父親患上不治之症期間，她鎮日守候。等父親離世後，她明白自己對父親的那些矛盾感情不再重要。「他是我爸爸。」她說。

你的情緒不成熟父母或許沒有帶來你渴望的關愛，但在你學習去愛的路上，他們扮演非常重要的角色，而那也是很重要的事情。所以，你對他們感到非常依戀很合情合理——只要別忘了跟自己也維持一樣的連結。只要你沒因爲他們而放掉自己，就沒有關係。

懷著憐憫，看待彼此關係

當你走出長年禁錮你的親子關係，變得比較了解自己、相信自己愛的能力，你或許會後悔自己曾浪費了那麼多時間。很多人但願能失而復得，拿回那些用來配合父母的扭曲視角、拚命想投其所好的寶貴光陰。而明白這點，或許會令你好過一點：當你掙脫這種關係的束縛，你的確獲得了新生。過去緊緊攀附於父母，如今你沉著穩定，這兩者的差別可大到你彷彿活過兩回，有兩種自我概念。

當你回顧你與情緒不成熟父母的關係，你可能同時心存憐憫的傷感和堅毅的實際。如今你擁有寬廣的視野，終於能跳脫出來，以成年人的角度看待。

葛瑞絲的故事

葛瑞絲很努力想藉由心理治療建立比較正面的自我概念、更豐富的社交生活。從小伴隨在多疑、支配性強的母親身旁，葛瑞絲不敢待在外面太久，否則就會心生愧疚。母親去世以後，她比較能走向外界，這才發現人們要比母親和善許多。葛瑞絲沒怎麼感到哀悼，畢竟母女實在不夠親密，但思及以往，她對母親被自己的情緒不成熟所縛感到同情。

「我想我們兄弟姊妹沒人感到悲痛，因爲我媽很冷漠。這樣的一生實在淒涼。孩子跟她幾乎都難以相處，她似乎沒有同理心，好像完全不想跟你親近。她只曉得批評人家的短處，無法喜歡任何人。她只在乎每個人應如何改進，就是沒辦法跟別人產生共鳴。在理智層面上，她可以顯得慈悲，例如在教會；但在個人層面上，她實在很難相處。她只關心你爲她做了什麼，卻從沒有對我們表現過同理。那些不滿累積成一種人格上的醜陋，她的行爲令人無法愛她。」

葛瑞絲的逐日蛻變，以及她體認到母親的情感侷限，讓我深受感動。葛瑞絲的成長軌跡，也反映出很多走出情緒不成熟父母陰霾者走過的道路。隨著葛瑞絲更貼近自己、忠於自己，她了解到自己眞正感興趣的人事物。她喜愛自己的家及寵物，沉浸在諸多好友和充實的團體活動當中。當現在能充分選擇適性的人生走向，她清楚看見以往如何受到母親的恐懼綑綁。她同情母親，卻也深深慶幸如今她能掌握自己的人生。葛瑞絲跟自己這種豐富的關係，正源於母親從沒給過她的。

母親走後那麼多年，葛瑞絲對她有了全新的認識。她能客觀看待母親，因爲現在她跟自己的內在建立起安全美滿的關係；這個純眞的內在是，即便母親無能給她愛，她卻依然愛著母親。如今葛瑞絲身心都覺得更加完整，不是因爲終於贏得母親的愛，而是因爲她找到了自己。

當你走出束縛你多年的情緒不成熟關係，你可能後悔曾對那麼不懂回饋、傷你那麼深的人花費那麼多心力。當你越明白自己的價值與愛人的能力，發現自己曾被那般錯待，可能令你痛不欲生。許多人希望重獲那些不斷配合父母的自我中心、拚命努力投其所好而浪費掉的時光。但了解這點，你也許會好過一些：當你最終了解到情緒不成熟父母就是如此，並坦然接受這個事實，你就能放下討好、改變他們的心，開始充分享受自身的情緒自主、內在體驗和思考自由。童年已逝，但未來全然由你作主。在你的內心獲得全新的基礎之下，那必將是個美麗世界。

重點摘要

深思過情緒不成熟之人對你的人生造成的影響，你可以重新想想該斷掉哪些關係。現在你知道自己的重要性不下於任何人，也能與自己的內心維持忠誠、疼惜、保護的連結。面對情緒不成熟的父母，現在你能坦然說出自己的需求、界限及表達自我的權利，甚至憤怒。現在你知道怎麼回應情緒不成熟之人，而不失去自我或感覺無能。你可以珍惜與他們的血緣關係，也能維護忠於真實本我的自由與主體性。當你能盡情做自己，感到彼此同等重要，你便不再被任何情緒不成熟關係機制接管。如今是兩個人平等相對——你與情緒不成熟之人——且有更大的機會與那麼不同於自己的對方，建立起有意義的關係。

【後記】

給情緒不成熟父母之成年子女的權利法案

來到這趟旅程的尾聲，我想留一份權利法案給你，供你在任何情緒不成熟關係中碰到問題時，可回頭參考。這十條基本法案總結了你於此書所得，尤其是這項觀念：你有權擁有自己的人生。請將它們視爲你與情緒不成熟之人（包括父母）往來時，保持平衡的重點摘要，希望對你有所幫助。我衷心祝福你順利取回你的情感自主、心智自由及內在世界。

如果讀完此書，你能以其中所獲用於未來與任何情緒不成熟者的互動，得到最大的成長和自我發現，那便是我最大的期待。

十條基本權利法案

1. 設限之權利

- 對你的傷人之舉，我有權畫下界線。
- 讓我感到強制脅迫的任何接觸，我有權停止。
- 遠在我爲某事耗盡心力以前，我有權不再投入。
- 任何使我不愉快的往來，我有權抽身。
- 我有權直接拒絕，無須任何理由。

2. 不受情感脅迫之權利

- 我有權拒當你的拯救者。

- 我有權請你另找高明。
- 我有權不幫你解決問題。
- 我有權任你自行維護自尊，無須出力。
- 我有權任你自行處理煩惱。
- 我有權拒絕內疚。

3. 擁有情感自主和心智自由之權利

- 我有權擁有任何感受。
- 我有權擁有任何想法。
- 我有權不因自己的價值觀、想法或興趣而被嘲弄或奚落。
- 我有權抱怨別人待我的方式。
- 我有權不喜歡你的舉止或態度。

4. 選擇關係之權利

- 我有權了解自己是否愛你。
- 我有權拒絕你要給我的東西。
- 我有權不爲了你而背棄自己。
- 我有權斷絕彼此關係，即使是血親。
- 我有權拒絕被依賴。
- 我有權遠離所有令人疲乏痛苦之人。

5. 清楚溝通之權利

- 只要不暴力、不傷人，我有權任意說話。
- 我有權要求別人聽我說話。
- 我有權告訴你我感到受傷。

- 我有權開口說出我眞正所好。
- 我有權等你主動說你希望我做什麼，不必認爲自己理當知道。

6. 選擇什麼對自己最好之權利

- 如果時機不對，我有權拒做任何事情。
- 我有權隨時離開。
- 我有權拒絕加入任何不喜歡的活動或聚會。
- 我有權自己作主，無須疑慮。

7. 照自己方式生活之權利

- 即使你不贊同，我有權採取行動。
- 我有權把時間和心力用在我認爲重要之事上。

- 我有權信任自己的內心，認眞看待自己的熱情所在。
- 我有權慢條斯理，不受人逼迫。

8. 擁有平等地位與尊重之權利

- 我有權受到與你一樣的重視。
- 我有權自在生活，不任人取笑。
- 我有權被視爲獨立的成人，受到尊重。
- 我有權拒絕感到羞恥。

9. 以自己身心健全為重之權利

- 我有權蓬勃發展，而非掙扎求生。
- 我有權爲自己做想做之事。

- 我有權決定要花多少心力在別人身上。
- 我有權慢慢考慮。
- 我有權照顧好自己，不管別人想法如何。
- 我有權以必要的時間和空間，呵護自己的內心。

10. 愛護自己之權利

- 犯錯時，我有權善待自己。
- 一旦不合時宜，我有權改變自我概念。
- 我有權疼愛自己，呵護自己。
- 我有權不受自我批判折磨，擁抱自己的個體性。
- 我有權做我自己。

致謝

我要向我的策劃編輯泰絲拉·漢娜（Tesilya Hanauer）致上真摯的謝忱，是她最早窺見情緒不成熟父母這一概念的重要性。儘管由概念發展成書的道路漫長，漢娜仍全心守護。我從個案們身上的所有學習，最終能帶到大家眼前，全要感謝她的耐心、韌性和信念。我也衷心感謝新預兆（New Harbinger）編輯群克蘭西·杜雷克（Clancy Drake）和珍妮佛·霍德（Jennifer Holder），是他們孜孜不倦於焦點和組織的微調，此書才能將一切表達得如此透澈。對於文字編輯葛瑞特·哈肯森（Gretel Hakanson）的慧眼及指點，我同樣深切感激。

那許多同意我以匿名或化名來採用其資料、並表示「只要能幫到人，當然沒問題！」的個案們，我滿心景仰。這一路以來，我們並肩找出如何從情緒不成熟父母教養下的迷惘，成長到成爲一股光明的存在——那是來自對自己一路辛苦對抗的切身體認，加上從侷限模式到嶄新力量的成功轉化。

我也必須感謝發展心理學領域的理論學家和研究學者，我對情緒不成熟之人及其影響的理解，無不由此而來。我有幸在碩士研究時鑽研古典心理學大師們在發展上及人格上的洞見，而非僅停留於表徵和技巧。透過理論，我們得以認識全貌，理解脈絡。我從大智者們身上取經。

我要謝謝我的同事布萊恩·華德（Brian Wald）、湯姆·貝克（Tom Baker）和瑪麗·沃倫·皮諾（Mary Warren Pinnell），在我撰寫此書迷走於荊棘迷霧、惶然不知何從時，他們的概念與指點，爲我提供難以衡量的協助。

來自我姊姊瑪麗·巴布卡克（Mary Babcock）的情感支持與醍醐灌頂，讓我無比感懷。自幼姊姊即是我最大的支柱，她對人性、舉止的睿智，一直引領我直搗核心。也謝謝芭芭拉（Barbara）和丹尼·佛斯（Danny Forbes）一直以來的想法及貢獻。芭芭拉總能看透我心，不斷予以友愛及深切鼓勵。

一路走來，琳恩·佐爾（Lynn Zoll）扮演我的照護者兼啦啦隊，不時寄來的詩作、食物、「寫下去！」的電子郵件，總令我無比開心，也讓我隨時有人可以討論書中要旨。金·佛斯（Kim Forbes）也是；那些關懷、支持、獨一無二的打氣卡和文字之外，發人深省的對談，更讓我獲益良多。還有艾絲特·弗里曼（Esther Freeman），我從這位老友身上學到太多積極對抗困頓阻礙的方法；她的識見，總能激發我對實效及應用的靈感。

謝謝我的好兒子卡特・吉普森（Carter Gibson），他始終關心我的進度，我每遇到關卡，也多虧他總能以新鮮的打氣方式讓我一躍而過。我欣賞他看待世界、邁向人生的方式。祝願所有人也充滿這般活力。

最後，最深切的感謝要送給我的先生史奇普（Skip）。我倆之間，是我一生的歡樂泉源，也是促使我步步成熟的重要媒介。能夠圓夢寫成此書，要感謝他在情感和物質上的支持；而他深知夢想本身的重要和力量，才眞正勝過一切。

國家圖書館出版品預行編目（CIP）資料

如果父母情緒不成熟：和內在父母和解，從假性孤兒邁向情感獨立的大人 / 琳賽．吉普森（Lindsay C. Gibson）著；劉凡恩譯. -- 初版. -- 臺北市：橡實文化出版：大雁出版基地發行，2020.02
面：　公分
譯自：Recovering from emotionally immature parents : practical tools to establish boundaries & reclaim your emotional autonomy
ISBN 978-986-5401-17-7（平裝）

1. 家庭衝突　2. 親子關係　3. 家庭心理學

544.182　　　108023423

BC1074

如果父母情緒不成熟：
和內在父母和解，從假性孤兒邁向情感獨立的大人

Recovering from Emotionally Immature Parents:
Practical Tools to Establish Boundaries and Reclaim Your Emotional Autonomy

---

作　　者　琳賽．吉普森（Lindsay C. Gibson）
譯　　者　劉凡恩
責任編輯　田哲榮
協力編輯　劉芸蓁
封面設計　柳佳璋
內頁構成　歐陽碧智
校　　對　蔡昊恩

發 行 人　蘇拾平
總 編 輯　于芝峰
副總編輯　田哲榮
業務發行　王綬晨、邱紹溢
行銷企劃　陳詩婷
出　　版　橡實文化 ACORN Publishing
地址：10544臺北市松山區復興北路333號11樓之4
電話：02-2718-2001　傳眞：02-2719-1308
網址：www.acornbooks.com.tw
E-mail 信箱：acorn@andbooks.com.tw
發　　行　大雁出版基地
地址：10544臺北市松山區復興北路333號11樓之4
電話：02-2718-2001　傳眞：02-2718-1258
讀者傳眞服務：02-2718-1258
讀者服務信箱：andbooks@andbooks.com.tw
劃撥帳號：19983379　戶名：大雁文化事業股份有限公司

印　　刷　中原造像股份有限公司
初版一刷　2020年2月
初版五刷　2022年2月
定　　價　380元
I S B N　978-986-5401-17-7